글 양화당

햇살 좋은 사무실에서 어린이책을 기획하고 집필하는 일을 하고 있습니다.
어린이들이 재미있게 읽으면서 마음의 양식으로 삼을 수 있는 따뜻하고
영양가 있는 책을 많이 쓰고 만드는 게 꿈이랍니다. 쓴 책으로
《K탐정의 척척척 대한민국》시리즈가 있습니다.

그림 남동완

경희대학교에서 디자인을 전공한 후 아이들이 좋아서 문구 디자인 회사에 다녔고,
이제는 아이들을 위한 그림을 그립니다. 쓰고 그린 책으로 『숟가락이면 충분해』,
『초능력을 빌려드립니다』, 『완벽한 타이밍』, 『쳇! 두더지한테 아무도 관심 없어』가
있습니다. 그린 책으로 『궁금했어, 곤충』, 『똥침 한 방 어때요?』, 『생각의 탄생2』,
『오싹오싹 귀신 선생님의 수상한 교과서1』 등이 있습니다.

감수 이정모

연세대학교와 같은 대학원에서 생화학을 공부하고, 독일 본대학교에서
유기화학을 연구했습니다. 서대문자연사박물관장, 서울시립과학관장,
국립과천과학관장 등으로 일했고 저술과 강연 활동을 하고 있습니다.
어린이를 위한 책으로 『우리는 물이야』, 『나는야 초능력자 미생물』,
『과학자와 떠나는 마다가스카르 여행』 등을 썼습니다.

새콤달콤 열 단어 과학 캔디_2 생물

초판 1쇄 발행 2024년 2월 28일 | 초판 4쇄 발행 2025년 8월 18일
글 양화당 | 그림 남동완 | 감수 이정모

발행인 윤승현 | 편집장 안경숙 | 편집관리 윤정원 | 편집 황지영 | 디자인 정진선
마케팅 정지운, 박현아, 김지윤, 황지영 | 제작 신홍섭
펴낸곳 (주)웅진씽크빅 | 주소 경기도 파주시 회동길 20 (우)10881
문의 전화 031)956-7440(편집), 031)956-7569, 7570(마케팅)
홈페이지 www.wjjunior.co.kr | 블로그 blog.naver.com/wj_junior | 인스타그램 @woongjin_junior
출판신고 1980년 3월 29일 제406-2007-00046호 | 제조국 대한민국 | 사용연령 7세 이상

글 ⓒ 양화당, 2024 | 그림 ⓒ 남동완, 2024
저작권자와 맺은 특약에 따라 검인을 생략합니다.

ISBN 978-89-01-27601-4 · 978-89-01-27599-4(세트)
*잘못 만들어진 책은 바꾸어드립니다.

웅진주니어는 (주)웅진씽크빅의 유아·아동·청소년 도서 브랜드입니다. 저작권법에 의해 한국 내에서 보호를 받는 저작물이므로 무단 전재와
무단 복제를 금지하며, 이 책 내용의 전부 또는 일부를 이용하려면 반드시 저작권사와 (주)웅진씽크빅의 서면 동의를 받아야 합니다.

⚠주의
1. 책 모서리가 날카로워 다칠 수 있으니 사람을 향해 던지거나 떨어뜨리지 마십시오. 2. 보관 시 직사광선이나 습기 찬 곳은 피해 주십시오.

새콤달콤 열 단어 과학 캔디

양화당 글 | 남동완 그림

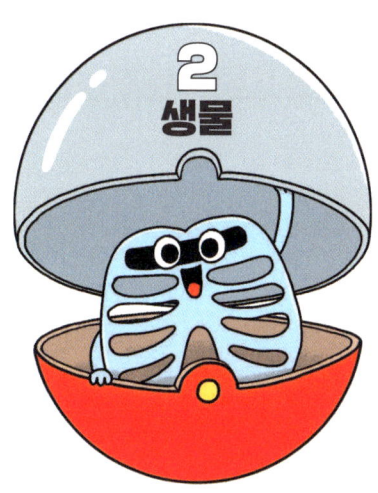

2 생물

웅진주니어

열 단어를 찾아서 GO, GO!

지구인

방귀	11
오줌	15
산소 탱크	19
택배맨	23
갈비뼈	27
근육	31
털	35
오감	39
총사령관	43
수비대	47

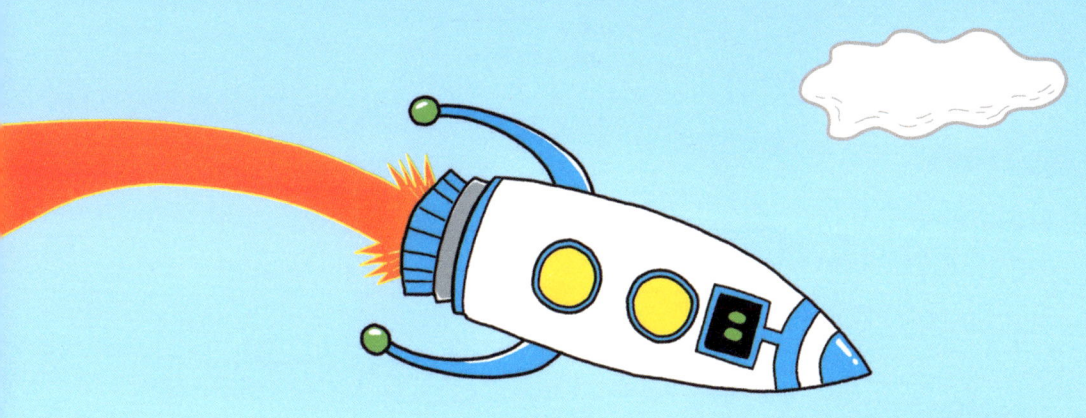

동물

다리	57
날개	61
지느러미	65
주둥이	69
수컷과 암컷	73
알	77
울음소리	81
위장 천재	85
베스트 프렌드	89
반려동물	93

식물

뿌리	103
초록 요리사	107
기공	111
줄기	115
사냥꾼 식물	119
꽃	123
홀로서기	127
나무	131
돈 터치	135
숲	139

인규제

2 소화시키느라

난 음식이 소화될 때 생기는 가스와
음식을 먹을 때 삼킨 공기가 섞여 몸 밖으로 나온 거야.
내 냄새가 지독하다고?
그건 무얼 먹었는지에 따라 달라.

방귀 냄새가 지독한 음식

달걀   찌개   고구마
양배추   생선

그럼 안 먹으면 되잖아.

그건 곤란해. 사람은 먹어야 살 수 있어.
음식 속에는 몸에 필요한 영양분이 들어 있거든.

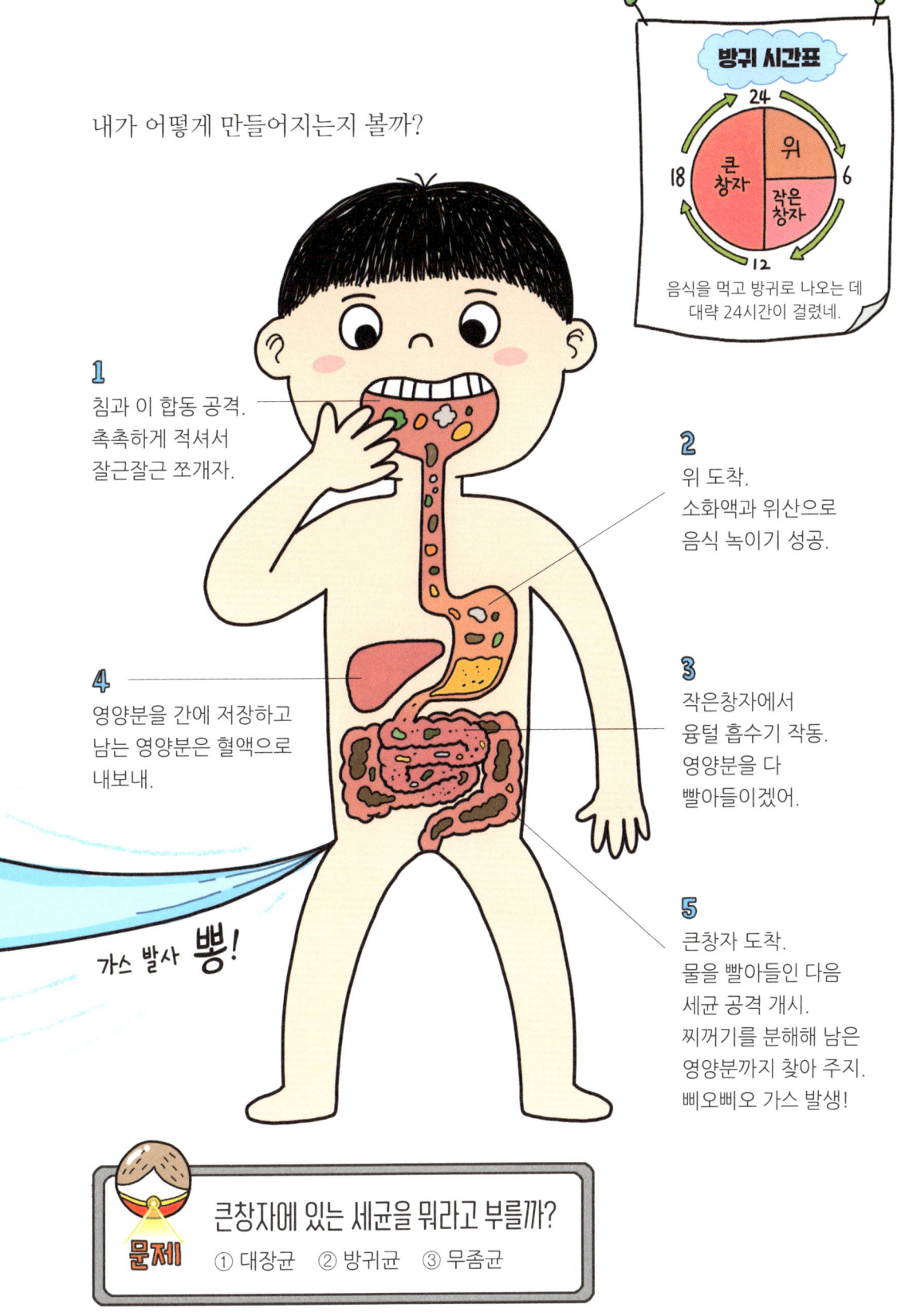

대장균

큰창자는 대장이라고도 해.
그래서 이곳의 세균도 대장균이라고 불러.
대장균은 세균이라서 나쁠 것 같지?
그렇지 않아. 몸에 들어온 나쁜 균을 물리치고,
찌꺼기를 분해해 영양분을 만들기도 해.
이제 남은 찌꺼기는 필요 없어. 몸 밖으로 내보내자.
힘을 줘. 끄으응! 나보다 더 지독한 녀석이 나올 거야.

3 콩팥

콩팥은 너희 몸의 허리 뒤쪽에 한 쌍이 있어.
모양은 콩, 색은 팥과 같다고 해서 콩팥이라고 해.
너희가 마신 물은 몸속 찌꺼기와 함께 피에 실려
콩팥으로 옮겨 와.
콩팥에서 어떻게 오줌이 되어 나오는지 볼까?

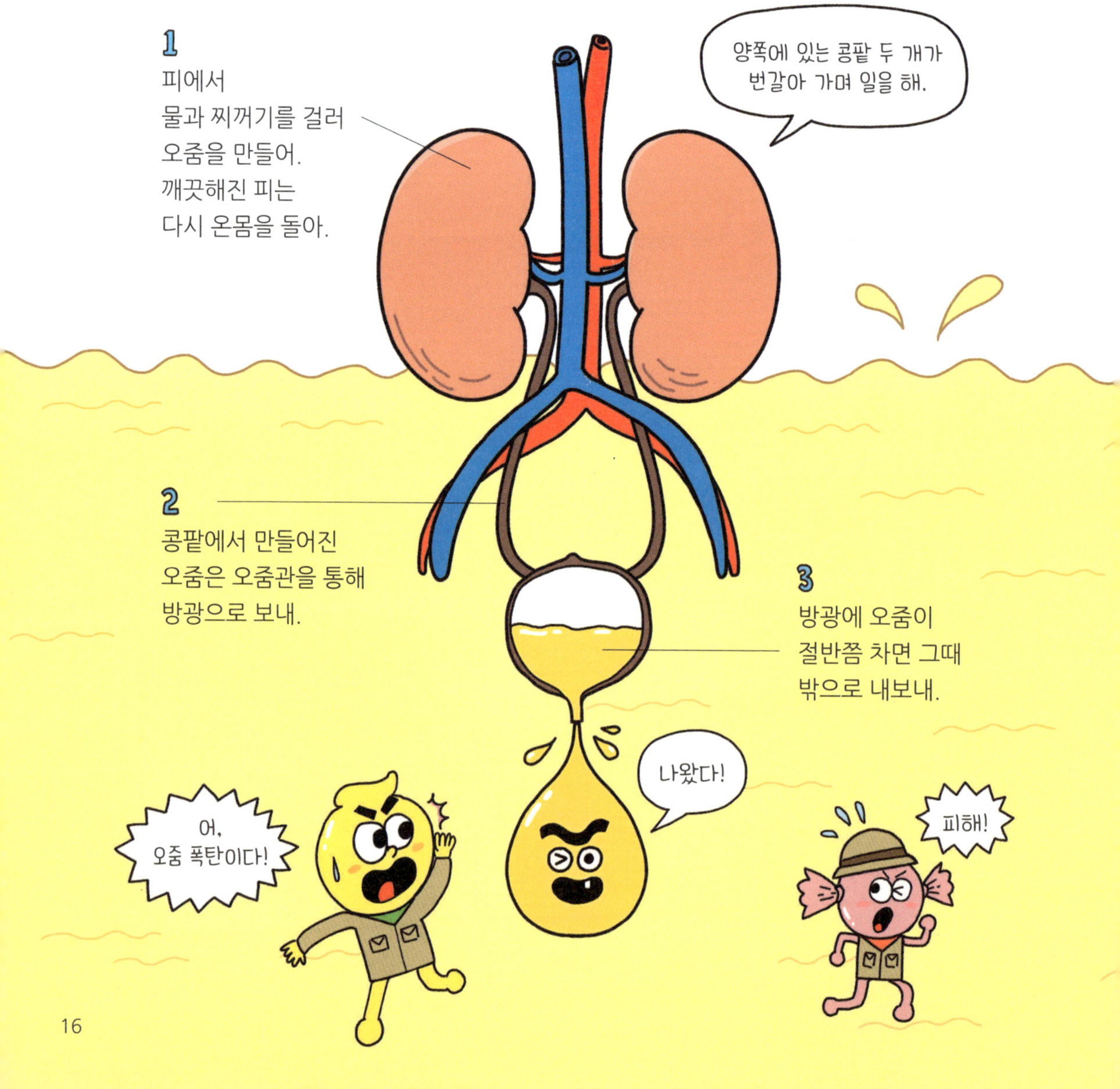

1
피에서
물과 찌꺼기를 걸러
오줌을 만들어.
깨끗해진 피는
다시 온몸을 돌아.

양쪽에 있는 콩팥 두 개가
번갈아 가며 일을 해.

2
콩팥에서 만들어진
오줌은 오줌관을 통해
방광으로 보내.

3
방광에 오줌이
절반쯤 차면 그때
밖으로 내보내.

어, 오줌 폭탄이다!

나왔다!

피해!

오줌은 대부분이 물이고 요소나 소금 등의 찌꺼기가
포함되어 있어. 그중 요소가 몸 밖으로 나오면 노란색을 띠고
냄새도 약간 나지. 오줌을 누지 않으면 찌꺼기가 몸에 계속 쌓여
몸이 붓고 생명이 위험해질 수도 있어.

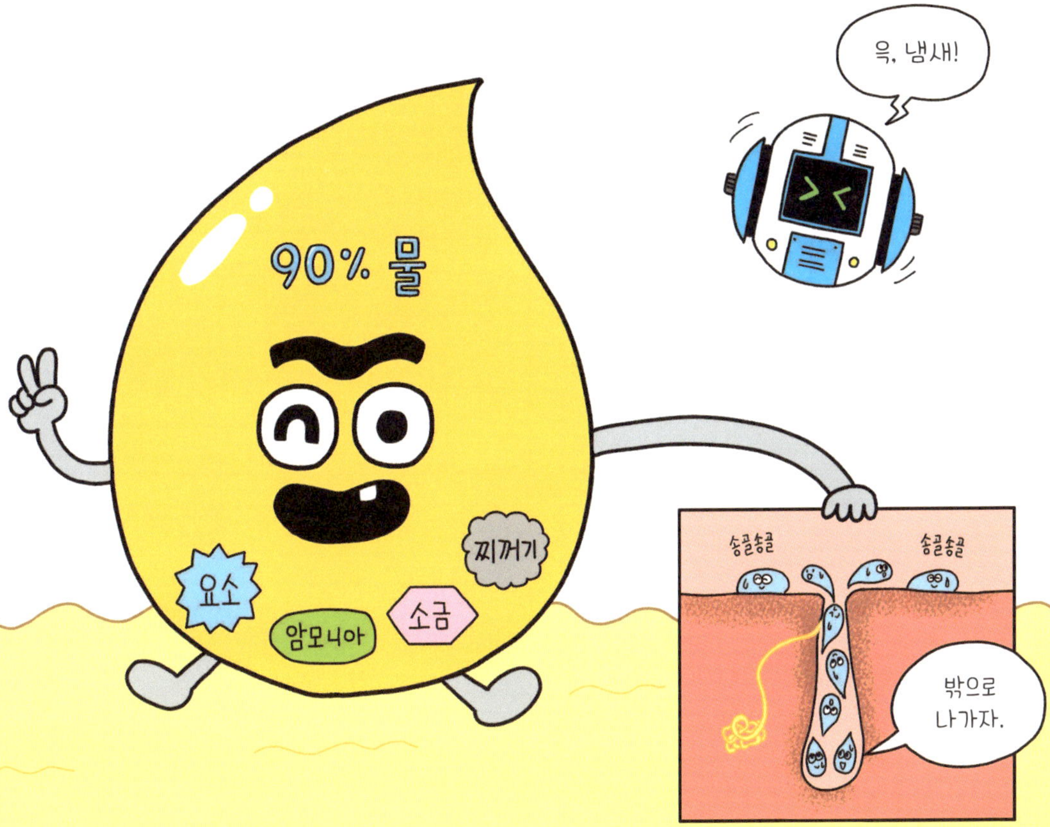

우리 몸의 찌꺼기는 땀으로도 나와.
피부 속에 있는 땀샘에서 물, 무기 염류, 찌꺼기 등이 모여
땀이 만들어지면, 긴 관을 통해 땀구멍으로 빠져나와.

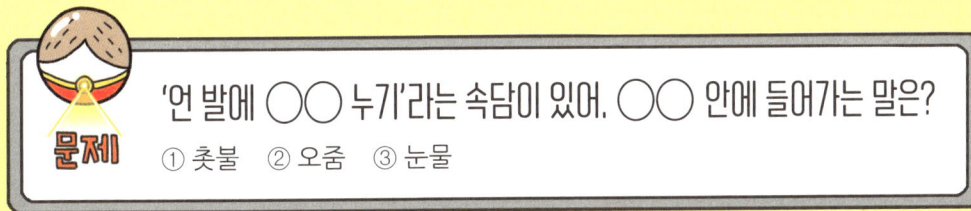

문제 '언 발에 ○○ 누기'라는 속담이 있어. ○○ 안에 들어가는 말은?
① 촛불   ② 오줌   ③ 눈물

2 오줌

언 발을 잠깐이라도 녹이려고 오줌을 눈다는 거야.
오줌이 따뜻해서 이런 속담이 생긴 거지.

따뜻한 오줌이 몸 밖으로 나가면 몸은 순간적으로 열을 빼앗겨. 이때 체온을 높이기 위해 몸을 부르르 떨기도 해.

어른이 하루에 누는 오줌의 양은 약 1.8리터이고, 이 중에 물은 약 1.6리터 정도지.

200밀리리터 우유 9개

몸에서 오줌이 빠져나간 만큼 음식으로 섭취하고,

모자란 건 물을 마셔서 보충해.

지구인은 물 먹는 존재당!

나도! 물 좀 줘!

사람은 음식도 먹고 물도 먹고. 좋겠당.

2개

○월 ○일. 몸속 날씨: 상쾌

사람은 산소가 있어야 산다.
그래서 난 잠시도 쉬지 않고
코와 입으로 들어온 공기를 들이마신 다음,
산소만 삼키고 나머진 내뱉는다.
1분에 12~20회 정도 반복하는데,
이게 들숨과 날숨이다.
이때 내 아래쪽에 있는 가로막이 날 도와준다.

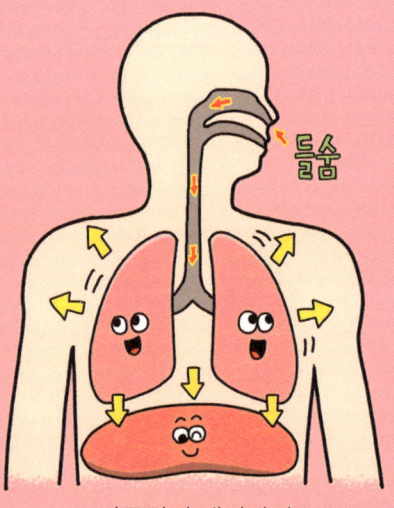

가로막이 내려가서
내가 넓어지면
공기가 들어온다.

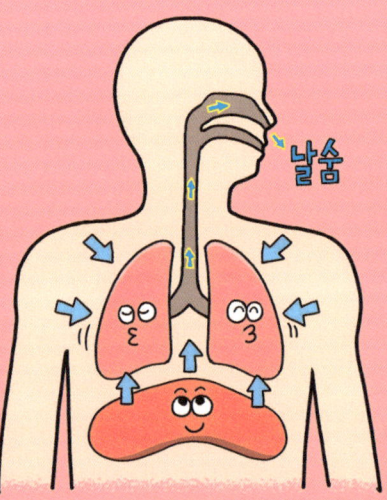

가로막이 올라가서
내가 좁아지면
공기가 나간다.

쌍둥이 허파의 일기

○월 ○일. 몸속 날씨: 통쾌

오늘 먼지란 녀석이 코를 통해 들어왔다.
"이히, 허파 구경이나 해 볼까?"
"어딜? 한 발짝도 들어올 수 없어."
허파꽈리가 막아섰다. 든든한 문지기들.
내 문으로는 오직 산소만 들어올 수 있다.
나머진 날숨으로 후우!

○월 ○일. 몸속 날씨: 불쾌

딸꾹! 딸꾹! 가로막이
갑자기 요동치더니 딸꾹질이 시작됐다.
이럴 땐 멈출 때까지 기다리는 수밖에.
윽, 힘들어.

 **문제** 숨을 많이 들이마실 수 있는 사람은 무엇이 크다고 할까?
① 꿈이 크다. ② 폐활량이 크다. ③ 간이 크다.

2 폐활량이 크다.

한꺼번에 숨을 많이 들이마실 수 있으면 폐활량이 크다고 해.
그럼 산소도 많이 먹게 되고, 오래 움직여도 힘이 덜 들어.
폐활량은 운동을 열심히 하면 점점 커져.
너도 운동으로 폐활량을 키워 볼래?

제자리 뛰기　　달리기　　줄넘기

맑은 공기를 많이 마시는 것도 중요해.
오염된 공기가 들어오면 산소를 거르느라 내가 지치거든.
날 아껴야 숨 쉬는 일을 잘할 수 있지.

방 자주 환기하기

공기가 나쁠 땐 마스크 쓰기

지구인은 몸에 산소를 저장하는 이상한 존재당!

이렇게 저장해서 어디에 쓰나?

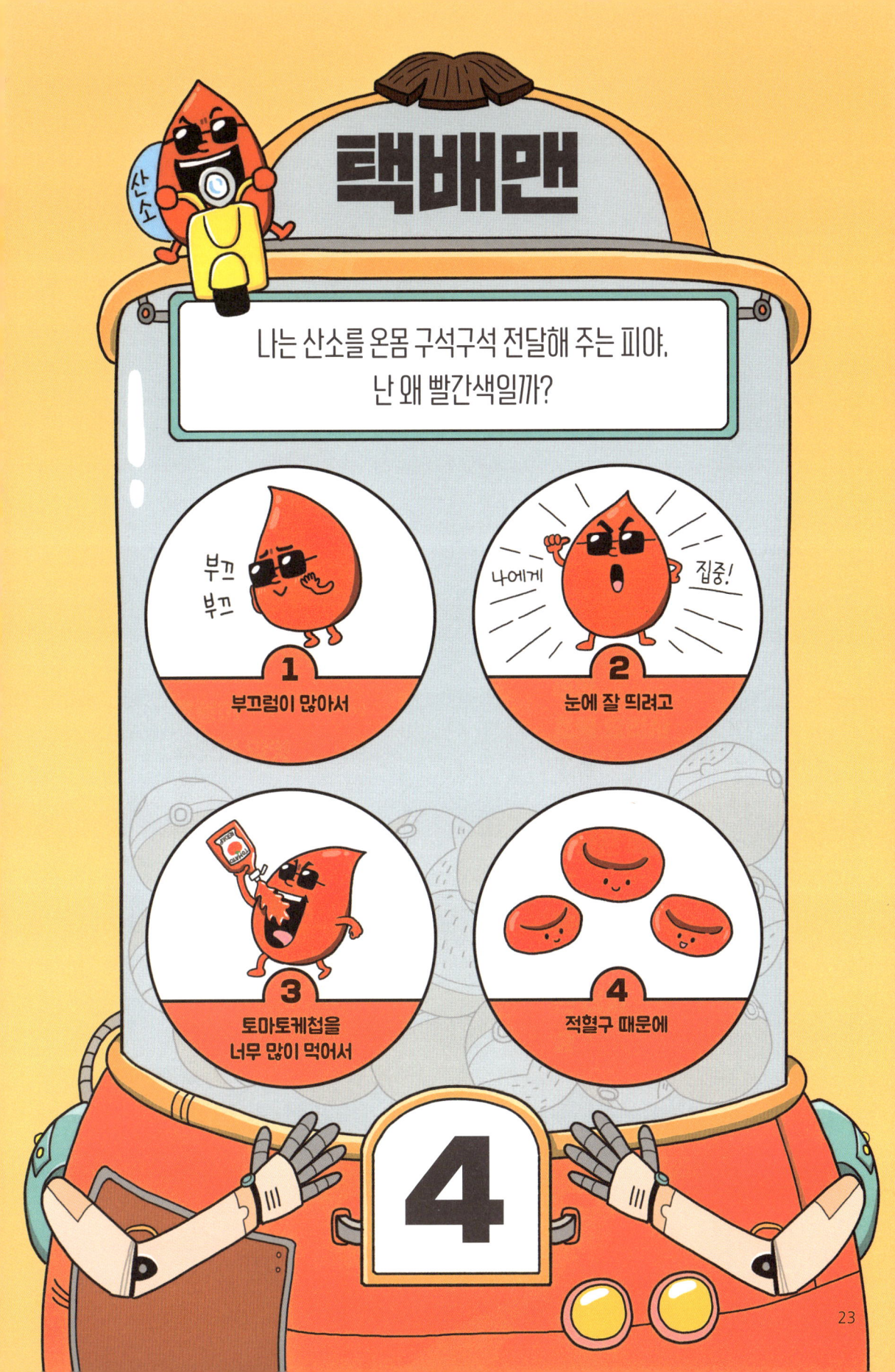

4 적혈구 때문에

내가 빨간 건 붉은 색소가 든 적혈구가 있어서야.
난 온몸에 퍼져 있는 핏줄을 따라 흐르며
영양분과 산소를 전달해.
그럼 몸은 이걸 받아 에너지로 만들어 써.
날 움직이게 하는 건 심장이야.
왼쪽 가슴에 있는데, 네 주먹만 한 크기지.
심장이 두근두근 뛸 때마다
내가 심장에서 나갈 수 있어.
나와 함께 배달을 시작해 볼까?

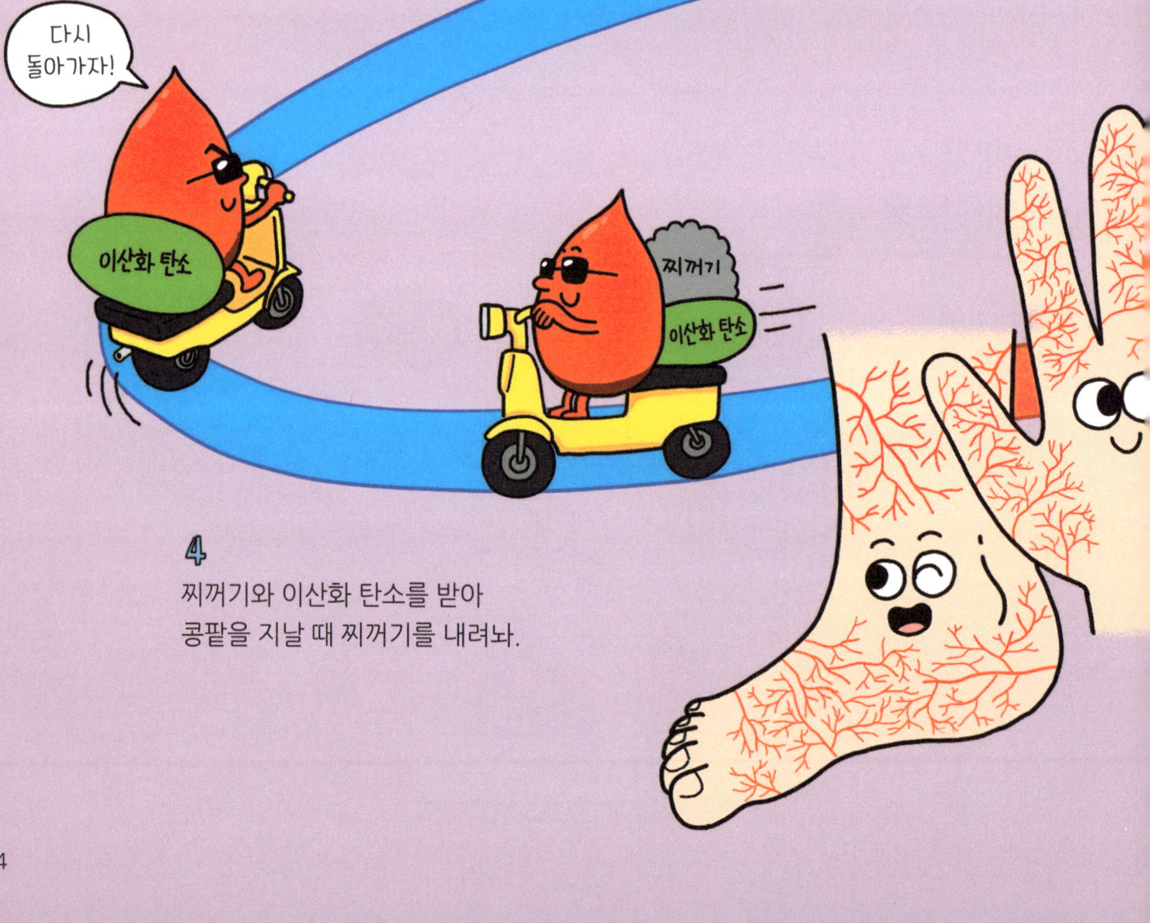

온몸을 돌고 심장까지 다시 오는 데 2분. 놀랍지?

다시 돌아가자!

4
찌꺼기와 이산화 탄소를 받아
콩팥을 지날 때 찌꺼기를 내려놔.

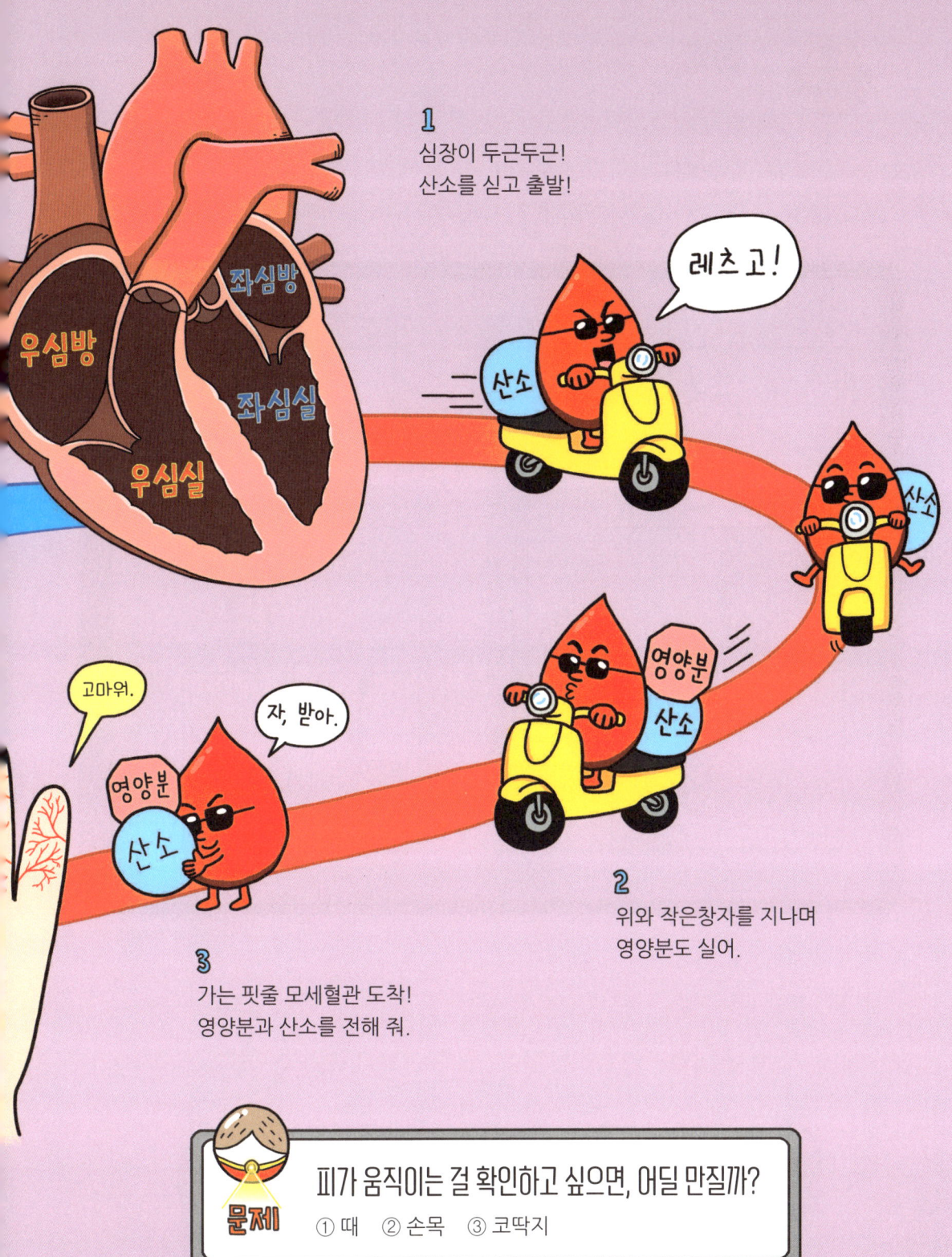

 손목

손가락으로 아래에서 가리키는 부위를 꾹 눌러 봐.
불룩불룩 움직이지? 내가 굵은 핏줄 동맥을 지나가는 중이거든.

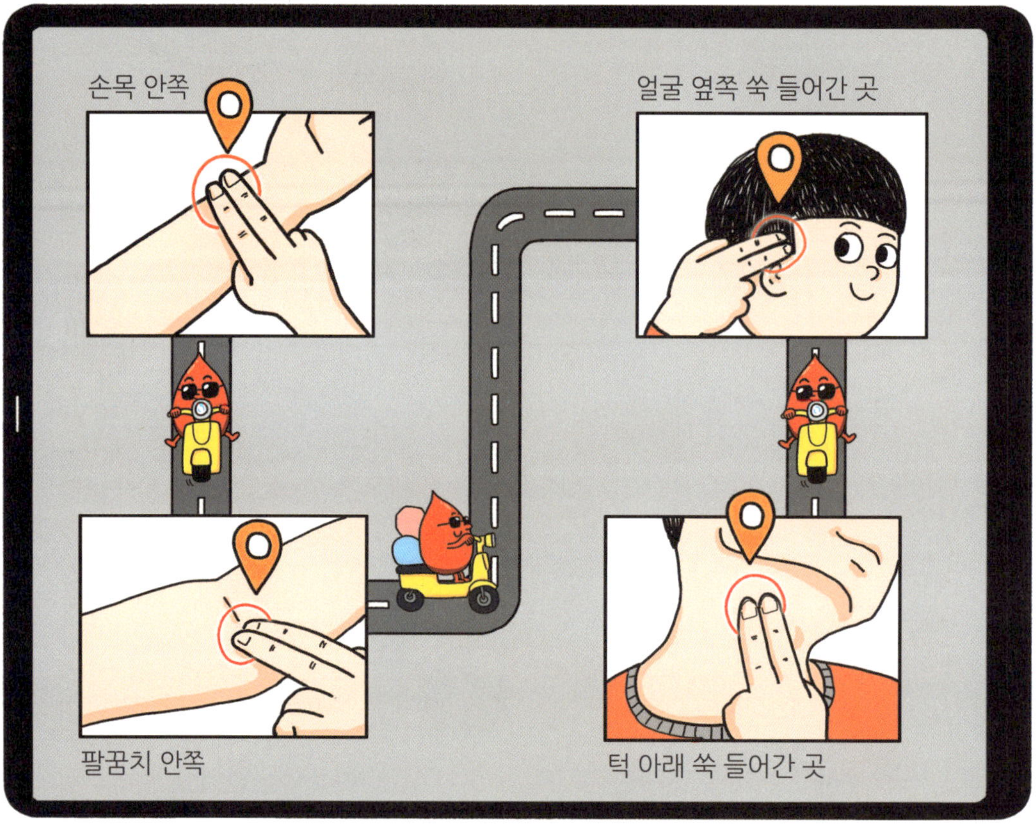

손목 안쪽	얼굴 옆쪽 쑥 들어간 곳
팔꿈치 안쪽	턱 아래 쑥 들어간 곳

이렇게 뛰는 걸 맥박이라고 해.
보통 1분에 60~100회 정도 움직이는데,
심장이 나를 내보내는 횟수랑 같아.

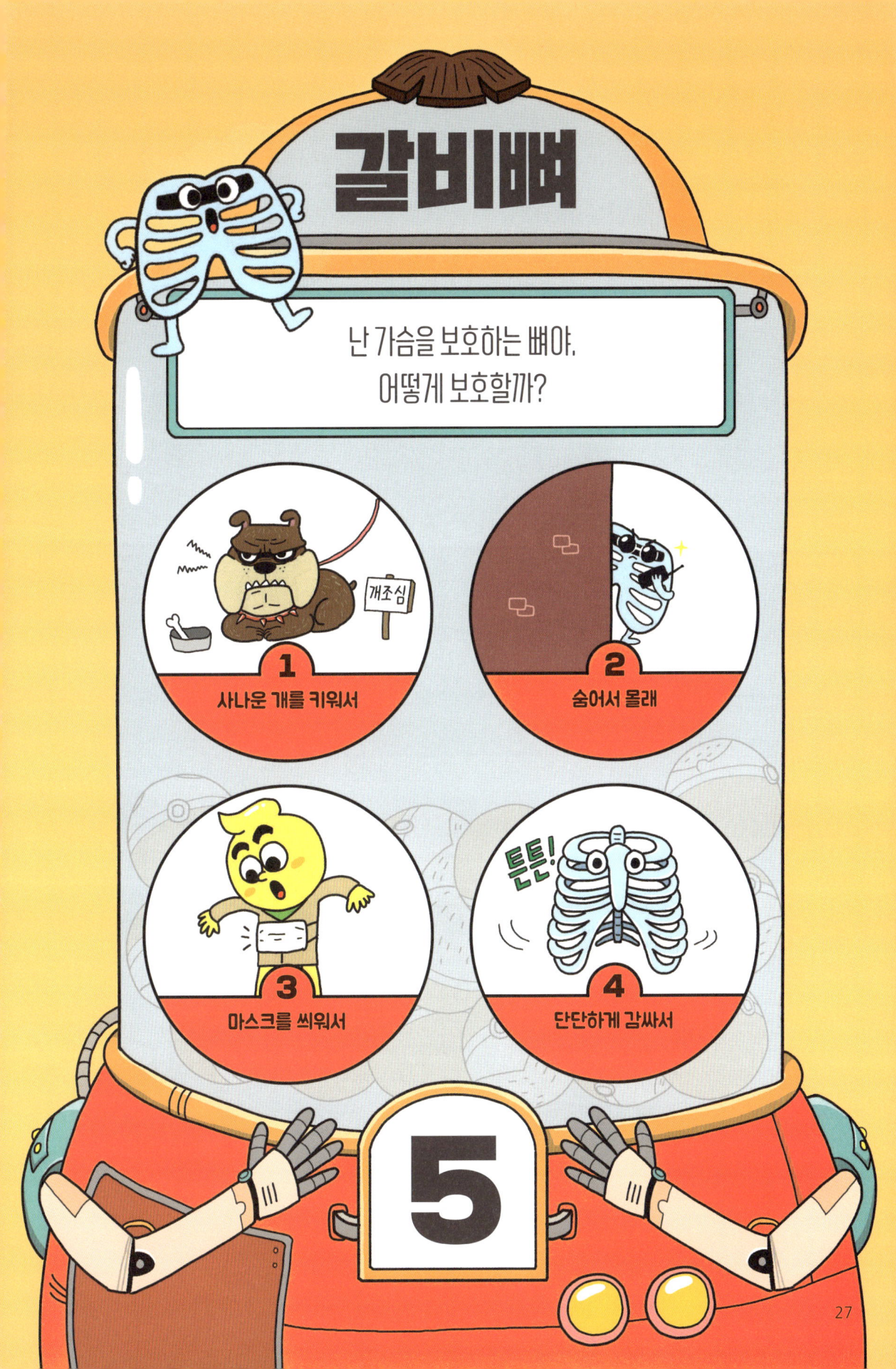

4 단단하게 감싸서

이(치아) 다음으로 뼈가 몸에서 가장 단단해.
우리 뼈들은 몸의 중요한 기관을 보호하고,
몸의 형태를 잡아 주는 역할을 해.

> 난 활처럼 휘어진 갈비뼈.
> 12쌍의 뼈가 허파, 심장,
> 위, 간 등을 감싸서 보호해.
> 다른 뼈 친구들도 소개해 줄게.

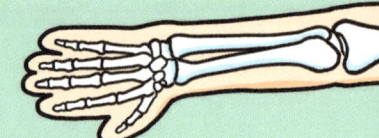

> 넓적한 골반뼈는
> 큰창자와 방광을 감싸서 보호해.
> 몸통과 다리도 이어 주지.

> 기다란 다리뼈는
> 양쪽 뼈를 번갈아 움직여
> 걷거나 뛸 수 있어.

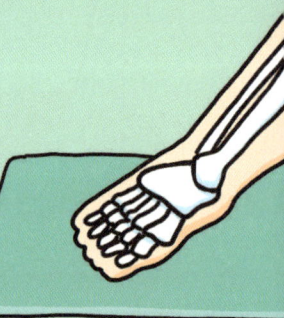

> 해골 무서워!

> 난 귀여워
> 보이는데?

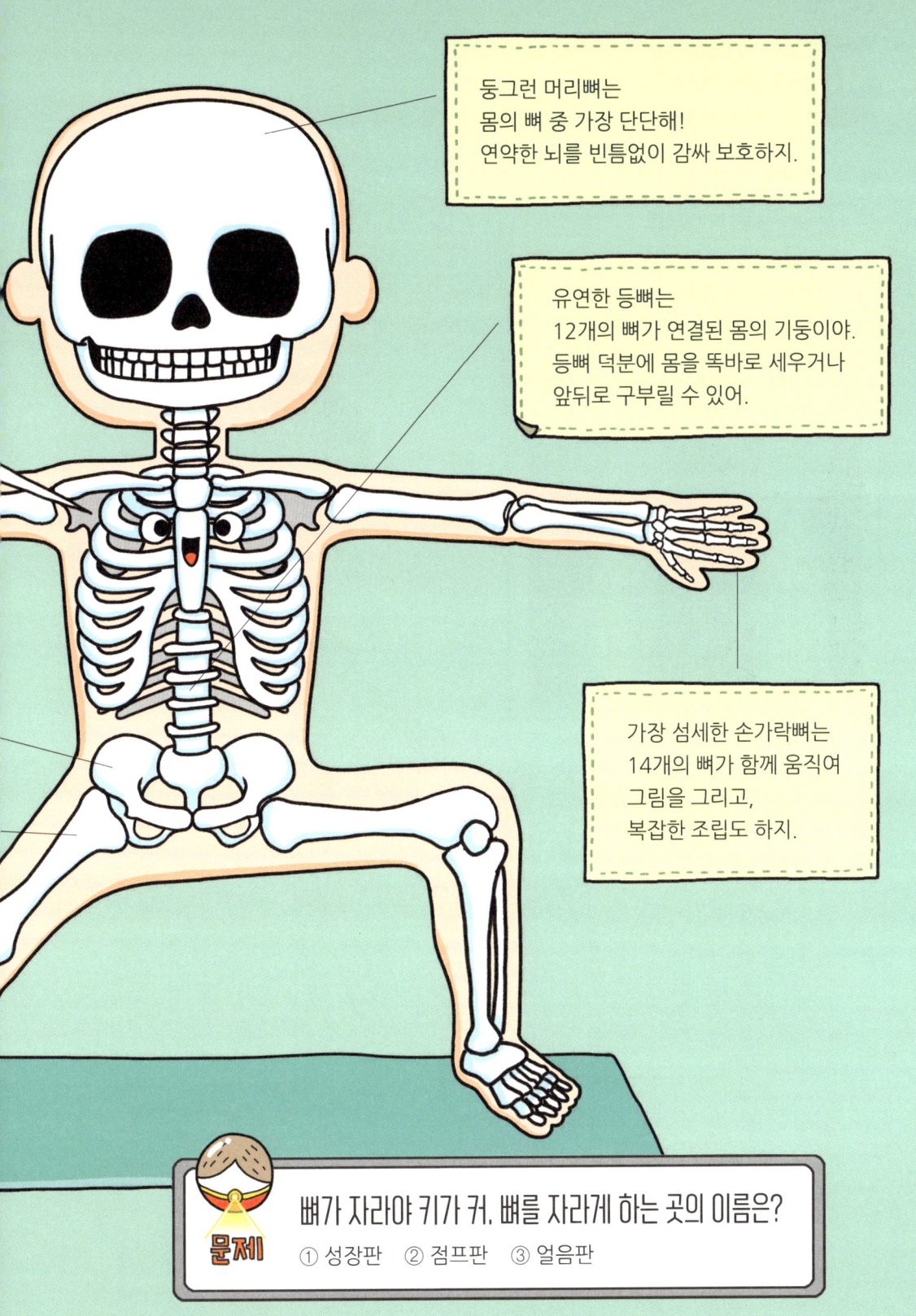

성장판

뼈를 자라게 하는 성장판은
손가락뼈, 팔뼈, 다리뼈 등 기다란 뼈의 끝에 있어.
특히 무릎 뒤에 성장판이 많다고 해.

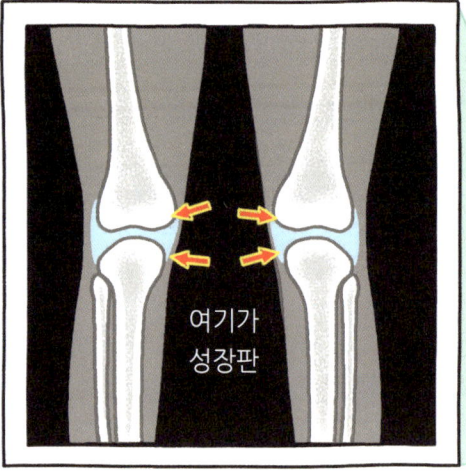

여기가 성장판

점프를 많이 하는 농구 같은 운동을 하면
무릎의 성장판이 자극되어 키가 더 잘 자란대.
하지만 어른이 되면 성장판이 굳어 단단한
뼈처럼 돼. 그럼 더 이상 키가 자라지 않아.

지구인은 뼈대 있는 존재당!

나도 뼈대 있는 캔디가 되고 싶어.

우아, 멋져요!

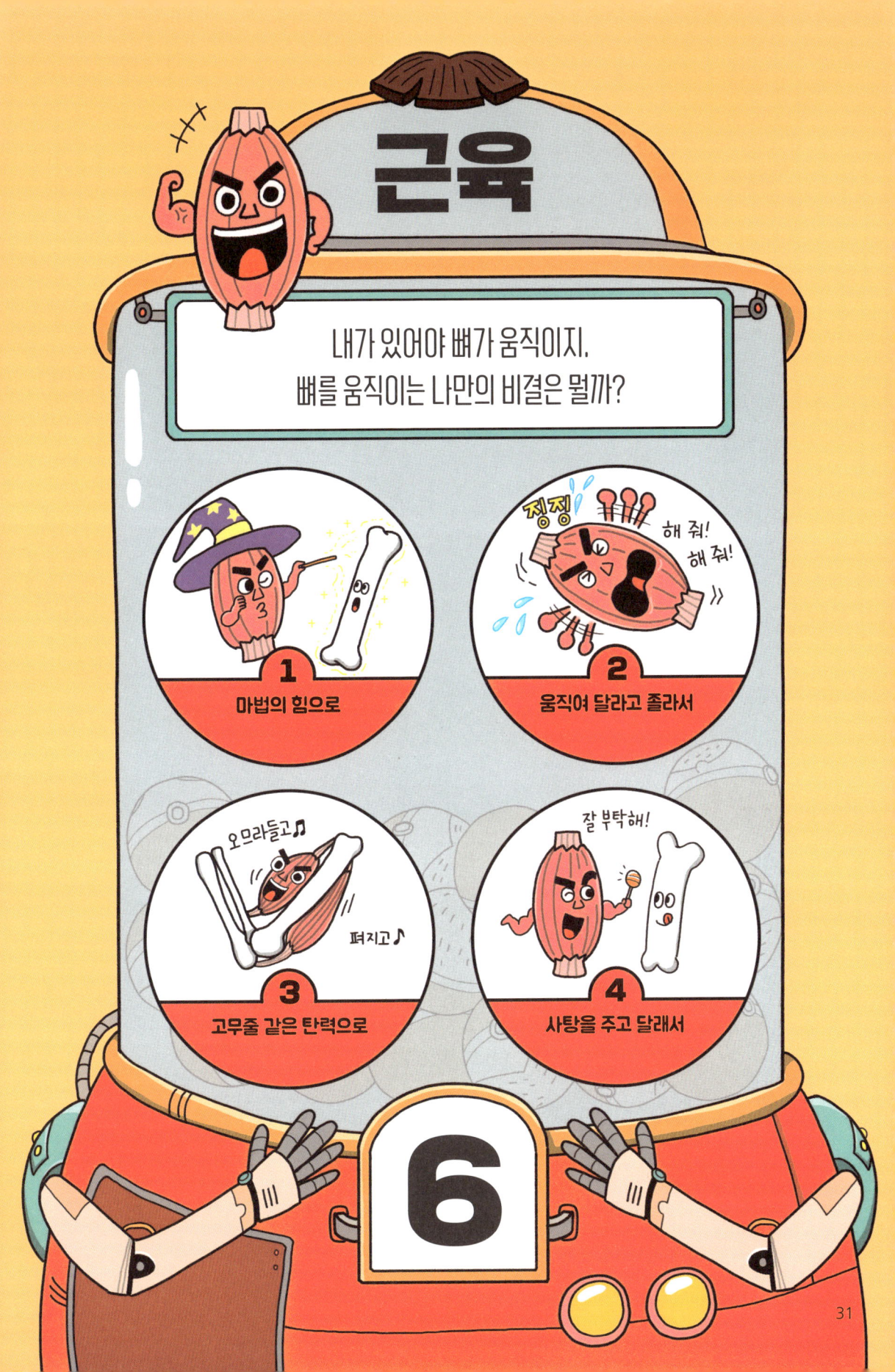

3 고무줄 같은 탄력으로

나는 뼈에 붙어 있고, 탄력이 있어서 오므라들었다 펴졌다 해.
이런 능력 때문에 난 몸을 움직일 수 있지. 한번 볼래?

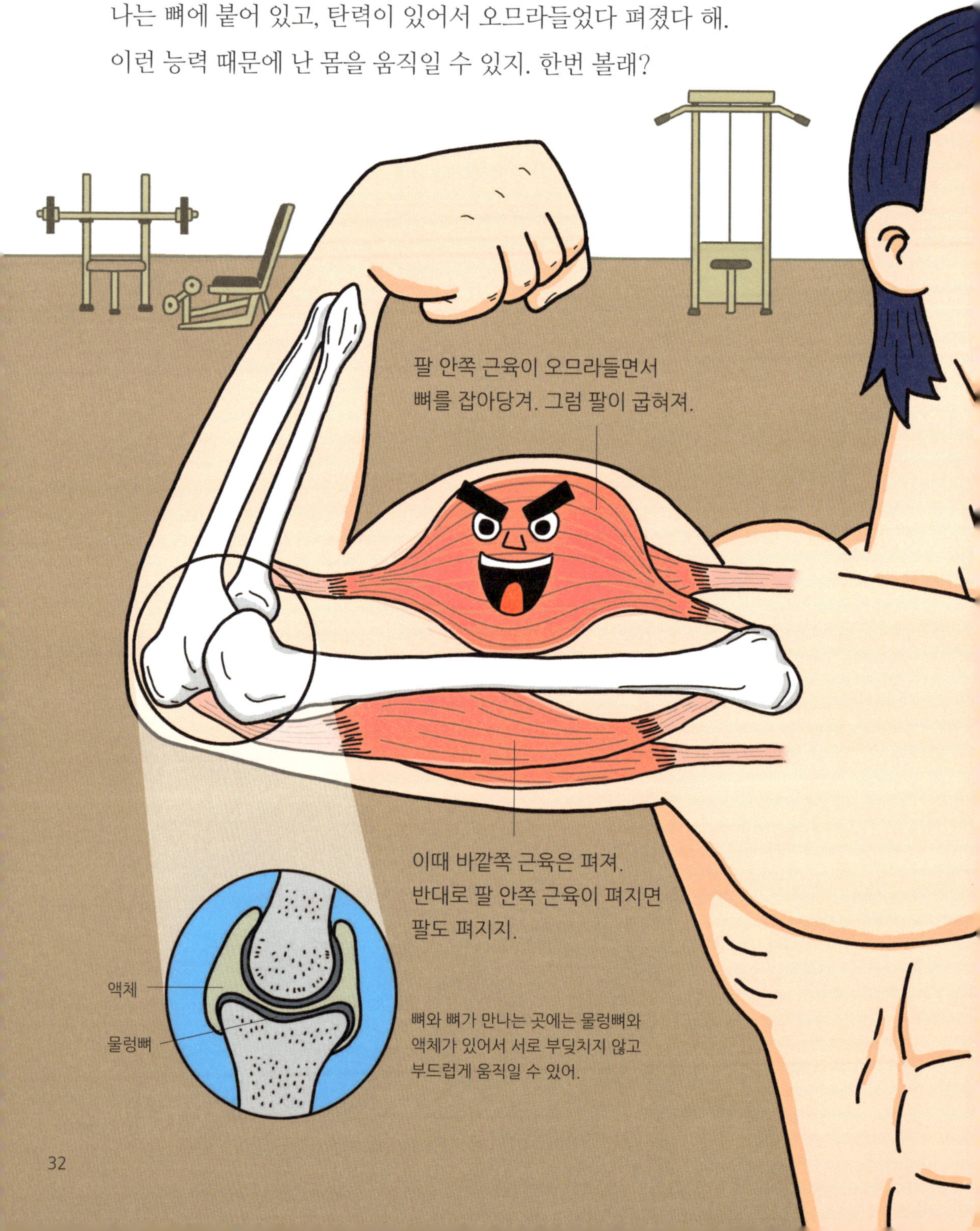

팔 안쪽 근육이 오므라들면서 뼈를 잡아당겨. 그럼 팔이 굽혀져.

이때 바깥쪽 근육은 펴져.
반대로 팔 안쪽 근육이 펴지면 팔도 펴지지.

액체
물렁뼈

뼈와 뼈가 만나는 곳에는 물렁뼈와 액체가 있어서 서로 부딪치지 않고 부드럽게 움직일 수 있어.

나는 얇은 실 같은 근섬유 다발로 이루어져 있어.
운동을 하면 근섬유의 크기가 커지고 힘이 세져.
그럼 남들보다 더 빨리, 더 멀리 달릴 수 있지.
하지만 너무 무리해서 운동하면
근육이 아프고, 찢어지기도 해.

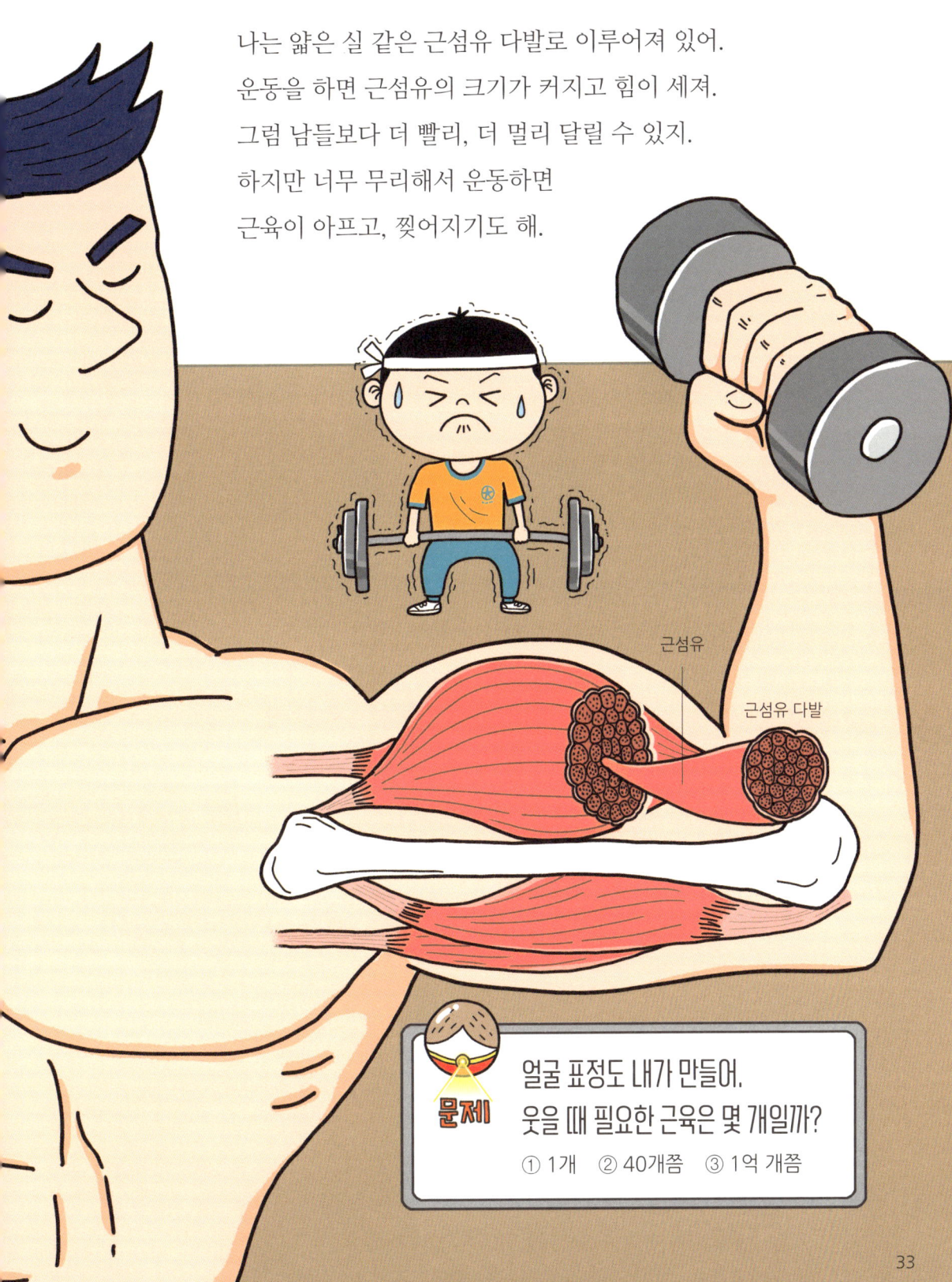

근섬유

근섬유 다발

문제 얼굴 표정도 내가 만들어.
웃을 때 필요한 근육은 몇 개일까?
① 1개　② 40개쯤　③ 1억 개쯤

40개쯤

사람 얼굴에는 근육이 80개쯤 있는데, 웃을 때에는
40여 개의 근육이 움직여. 눈을 깜빡이고 코를 찡긋하는 것처럼
얼굴의 다른 부분을 움직일 때도 내가 필요해.

심장, 위, 작은창자가 움직이는 것도 내 덕분이야.
음식이 들어오면 위 근육이 오므라들었다 펴졌다 하며
움직여 음식과 소화액을 고루 섞어.

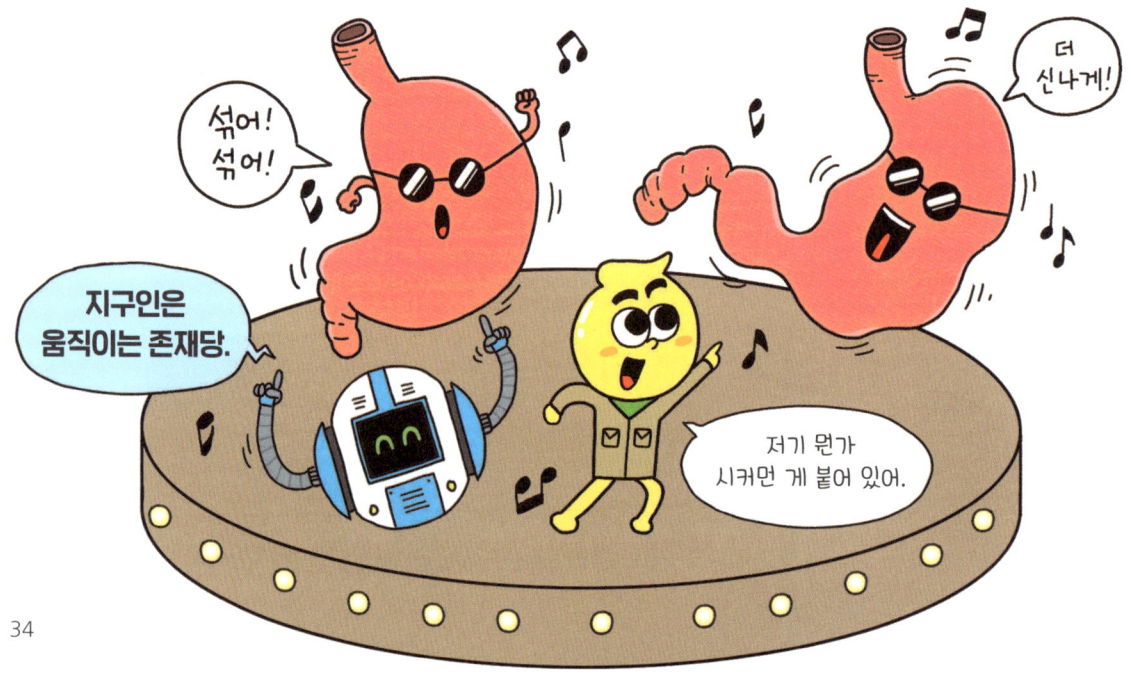

4 매끈한 손바닥

나는 손바닥, 발바닥, 입술 등을 제외한
몸 대부분에서 자라.
지저분하다고 날 싫어하는 사람이 많은데,
사실 나는 꽤 중요한 일을 하고 있다고.
OX 퀴즈로 나에 대해 알아볼까?

털은 하는 일이 없다? ✗

머리털은 머리를 보호하고,
충격을 흡수하지. 눈썹은 빗물이나
땀이 눈으로 흘러가는 걸 막고,
속눈썹과 코털은 먼지를 걸러 내.
내가 보기보다 쓸모가 있지?

털도 수명이 있다? O

머리털 수명이 가장 길어서
6년 정도고, 다른 털은 1년보다 짧아.
수명이 다한 털은 몸에서 떨어져
나가고, 새로운 털이 자라.

수명	1살	6살
다른 털		
머리털		

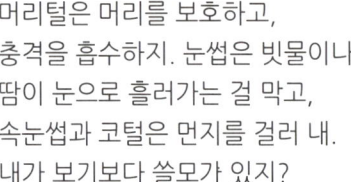

검은 털 발견!

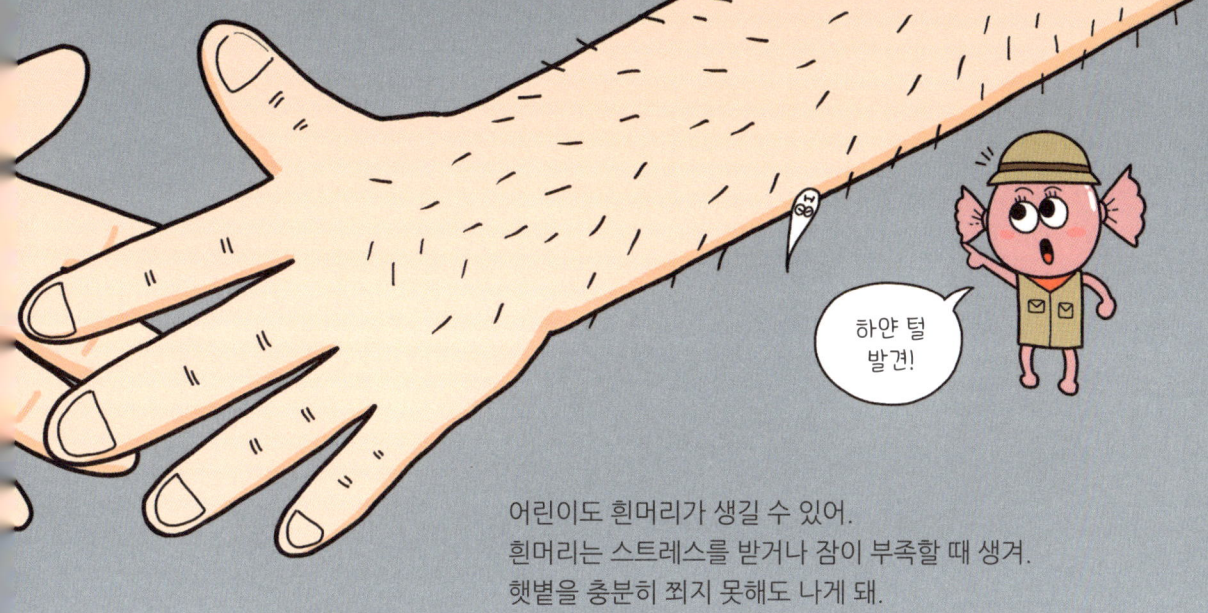

어린이도 흰머리가 생길 수 있어.
흰머리는 스트레스를 받거나 잠이 부족할 때 생겨.
햇볕을 충분히 쬐지 못해도 나게 돼.

털을 밀면 더 두껍게 자란다?

털은 위가 가늘고 아래가 두꺼운 모양이야. 털을 밀면 두꺼운 부분이 밖으로 돋아 나와 일시적으로 그렇게 보이지만, 자라면 다시 가늘어져.

어린이는 수염이 나지 않는다?

어린이는 수염이 자라지 않아. 좀 더 자라서 사춘기가 되면 남자는 코밑과 턱에서 검고 굵은 수염이 자라기 시작해.

 **추울 때 소름이 돋고 털이 곧게 서는 이유가 뭐야?**
① 몸을 따뜻하게 하려고 ② 털에 찔려 정신 차리라고

몸을 따뜻하게 하려고

털을 세우면 그 사이에 공기를 품어서 몸을 따뜻하게 할 수 있어.
하지만 우리 몸을 진짜 따뜻하게 지켜 주는 건 피부야.
피부가 무슨 일을 하는지 살펴볼까?

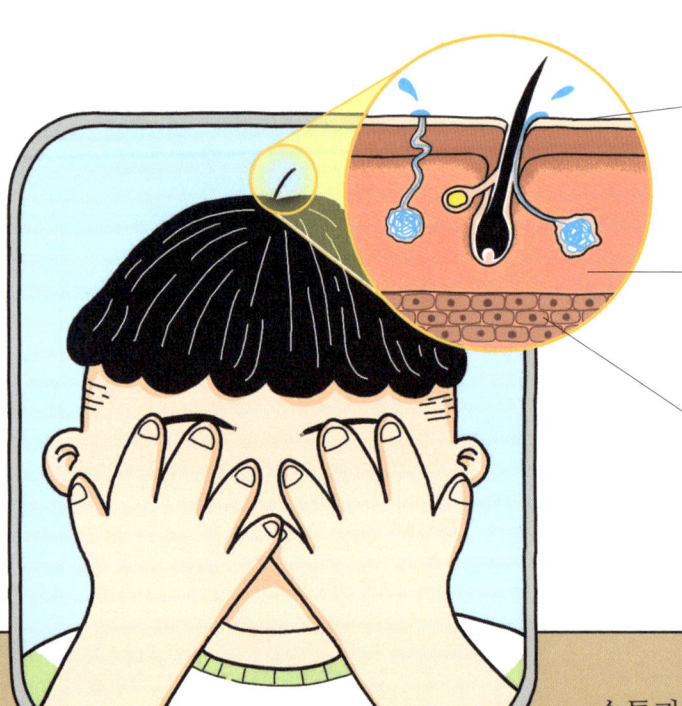

표피는 피부의 가장 바깥 부분으로, 몸을 보호해. 털과 땀구멍이 있어.

진피에서는 땀을 만들어 몸 온도를 조절해. 피부를 윤기 나게 하는 기름도 여기서 생겨.

맨 아래에 있는 **피하 조직**은 지방이 모여 있어 몸을 따뜻하게 유지해.

손톱과 발톱도 피부의 하나야.
다만 죽어서 굳은 피부라서
잘라 내도 아프지 않아.

지구인은 털투성이 존재당!

왜 머리에 물을 뿌려?

털 다섯 가닥만 키우려고!

4 얼굴

얼굴에 있는 눈, 코, 혀, 귀 그리고 피부로 느끼는
시각, 후각, 미각, 청각, 촉각을 오감이라고 해.
우리는 모두 예민한 탐정들이야.
우리가 어떻게 일을 하는지 보여 줄게.

나는 청각 탐정이야. 무슨 소리가 들리는데?
난 귓바퀴로 소리를 모아 청신경까지 전달해.

청신경 / 귓바퀴 / 달팽이관 / 고막

탁 탁 탁

나는 시각 탐정이야. 사물의 모습은 망막에
거꾸로 맺히지. 하얗고 둥그스름하네.

망막 / 수정체

나는 후각 탐정이야. 냄새가 콧구멍을 지나 후각 세포에 닿으면 무슨 냄새인지 알 수 있어. 고소한 냄새군!

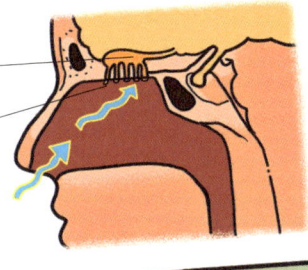

후각 신경
후각 세포

나는 촉각 탐정이야. 손가락에는 촉각 세포가 특별히 많아. 만져 보니 오돌토돌해.

나는 미각 탐정. 혀로 맛을 알아내지. 고소하고 짭조름해.

아, 뭔지 알았다! 이건 바로 팝콘!

문제 혀에서 맛을 느끼는 데가 어딜까?
① 산봉우리 ② 꽃봉오리 ③ 맛봉오리

3 맛봉오리

맛봉오리는 혀 표면의 작은 돌기 안에 있어.
이 맛봉오리로 단맛, 신맛, 짠맛, 쓴맛, 감칠맛을 느낄 수 있지.

그런데 맛봉오리가 느낄 수 없는 맛도 있어.
그건 바로 매운맛이야.
마늘, 고추 등을 먹으면 혀가 얼얼한 건
맛이 아니라 피부가 느끼는 통증이야.

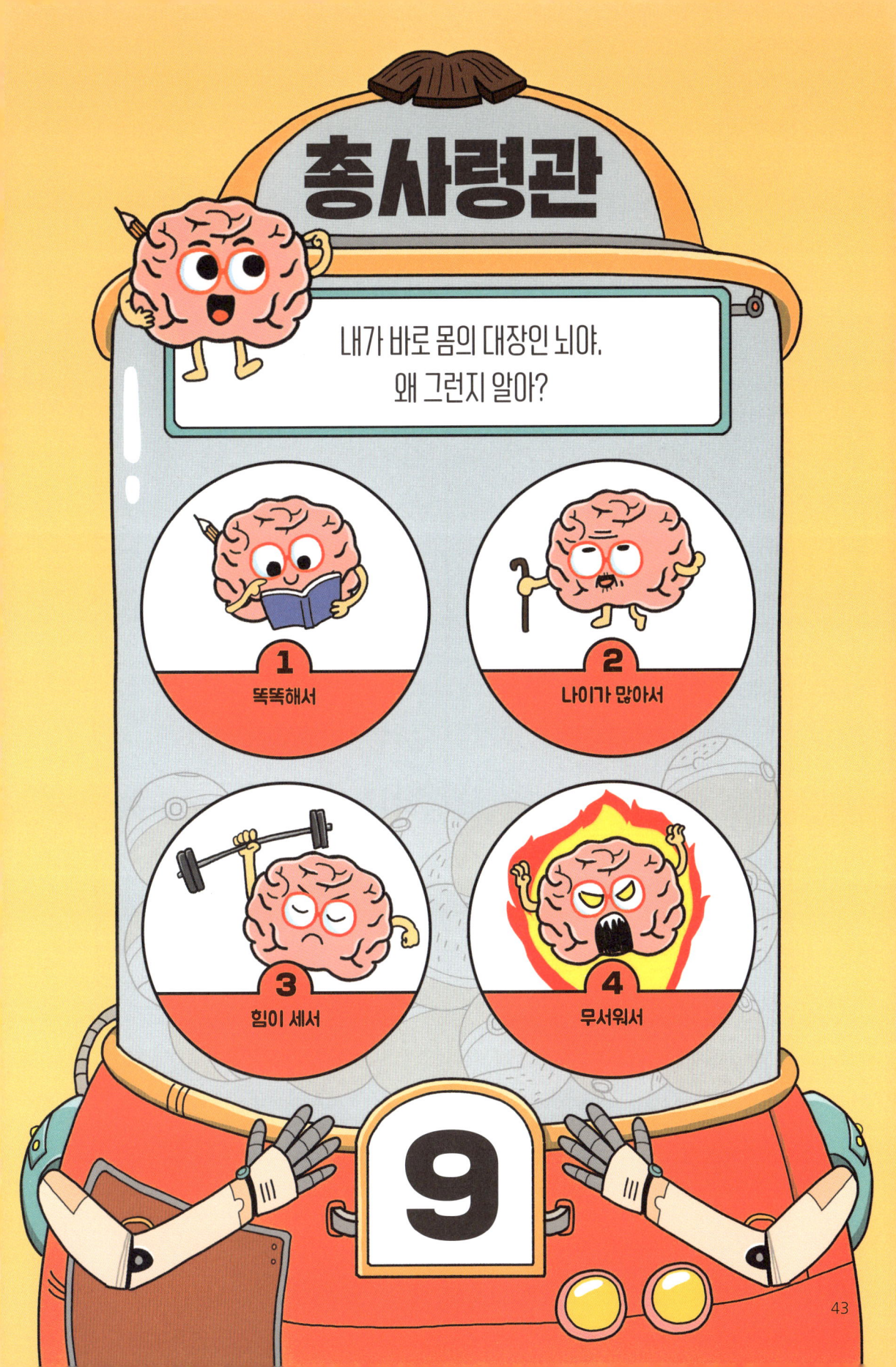

1 똑똑해서

나는 생각하고 판단하는 능력이 있어.
그래서 몸에 문제가 생기면 모두들 나를 찾아.
내가 얼마나 똑똑하게 해결하는지 보여 줄게.

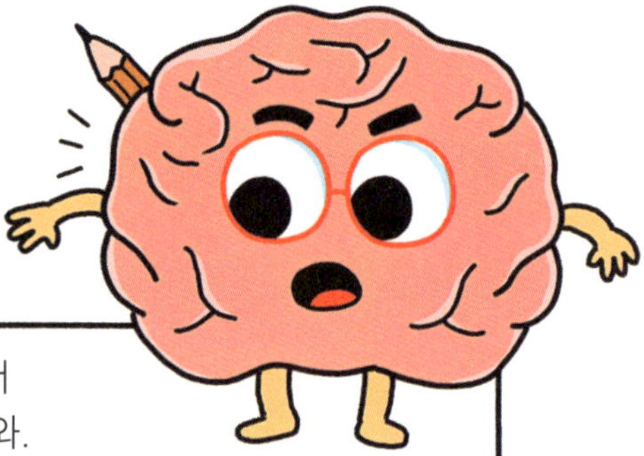

입에게서 연락이 와.
"대장, 물이 뜨거워 혀를 델 뻔했어."

나는 생각을 하고 판단해.
"뜨거운 물을 식히려면? 그래, 차가운 물을 섞으면 돼."

그리고 눈에게 명령을 내려.
"눈, 차가운 물을 찾아!"
"찾았다, 대장!"

손과 팔도 내 명령을 따르지.
"차가운 물을 들어 컵에 섞어."
"네, 대장!"

"미지근하다!"

봤지? 모두 내 명령에 따라 움직여.

나는 아주 특별한 일도 해.
사람은 다른 동물들보다 대뇌가 아주 커서
놀라운 능력을 발휘하지.

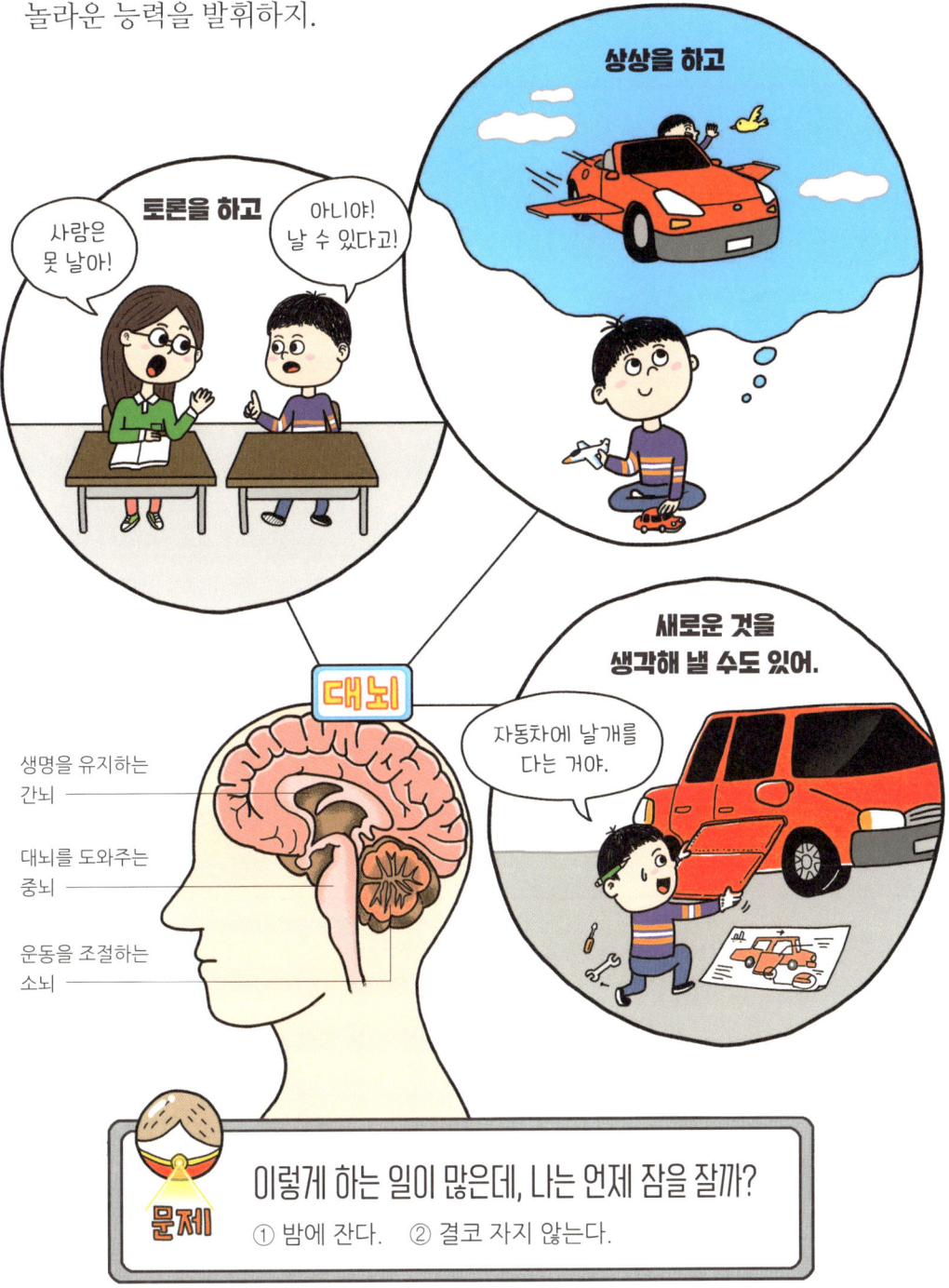

생명을 유지하는 간뇌
대뇌를 도와주는 중뇌
운동을 조절하는 소뇌

문제 이렇게 하는 일이 많은데, 나는 언제 잠을 잘까?
① 밤에 잔다.　② 결코 자지 않는다.

 **결코 자지 않는다.**

나는 사람들이 자는 동안 중요한 일을 해야 해.

그래서 건강하게 지내려면 잠을 충분히 자야 해!

4 병균을 막으려고

사람의 몸은 스스로 병균을 물리칠 수 있는 능력이 있어.
바로 나와 같은 수비대가 많거든.
지금부터 몸속 수비대의 활약을 보여 줄게.

 눈과 코로 먼지와 병균이 들어왔다!

 눈물을 내보내 병균을 죽이자!

 콧물로 병균을 씻어 버리자!

 에취! 재채기로 병균 날리기 신공!

 입속으로 병균에 감염된 음식이 들어왔다!

독한 위액으로 병균 녹이기! 앗, 실패했네. 음식을 입 밖으로 다시 내보내자! 우엑.

 수비대, 파이팅!

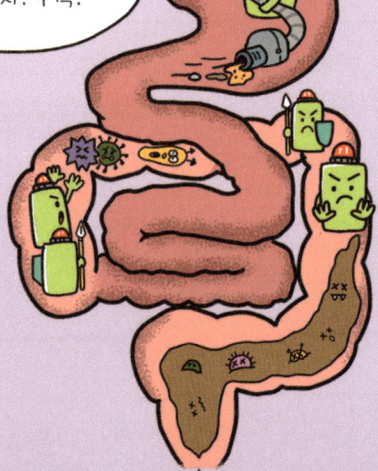

음식이 몸에 흡수되기 전에 빨리 설사로 만들어 내보내자! 뿌지지지직!

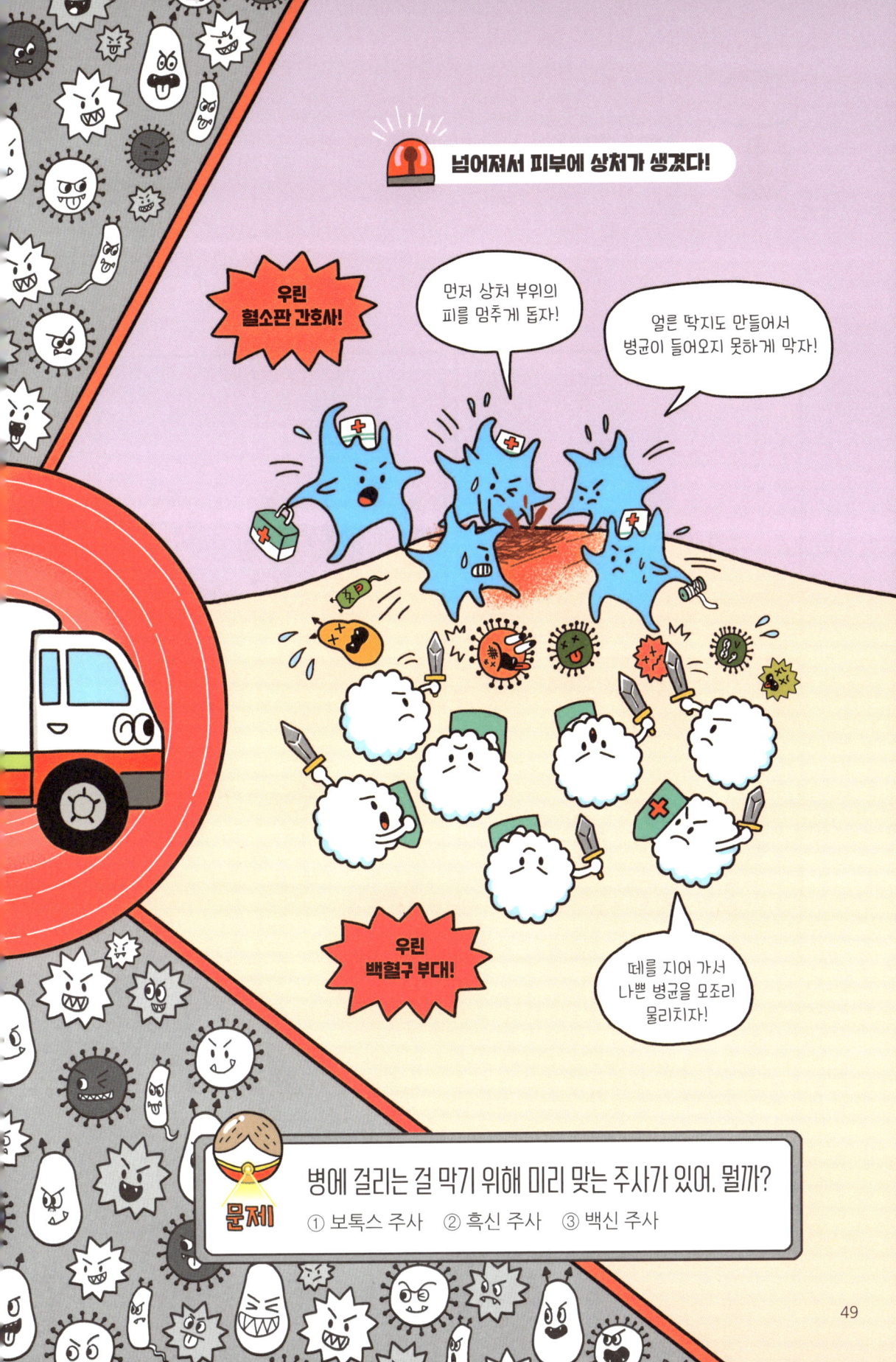

 **백신 주사**

병을 막는 백신 주사는 예방 주사라고도 부르는데,
영국 의사 제너가 시작했어.

이렇게 해서 처음으로 백신 주사가 만들어졌어.
약하게 만든 병균을 몸에 넣어
미리 병과 싸울 힘을 키우는 거지.

"신나는 캔디 요리 시간!"

"먼저 빈칸에 지구인 열 단어를 적어 봐."

음식을 먹으면, 위와 창자에서 몸에 필요한 영양분을 흡수하고, 남은 찌꺼기는 똥과 가스인 ●● 로 내보내.

몸에서 쓰이고 남은 물은 콩팥에서 ●● 이 되어 밖으로 나와.

허파는 몸에 필요한 산소를 흡수하는 ●● ●● 야.

피는 심장에서 온몸으로 영양분과 산소를 배달하는 ●●● 이야.

●●● 는 몸속 중요한 기관을 보호하고, 다른 뼈와 함께 몸 형태를 잡아 줘.

뼈와 몸을 움직일 수 있는 건 ●● 덕분이야.

● 로 가득한 피부가 몸을 감싸고 보호해.

시각, 청각, 후각, 미각, 촉각 등 ●● 은 주변의 정보를 수집해.

뇌는 이 정보를 받아 판단하고 명령을 내리는 ●●●● 이야.

눈물, 콧물, 혈소판, 백혈구 같은 ●●● 가 우리 몸을 지켜 줘.

정답: 방귀, 오줌, 산소 탱크, 택배맨, 갈비뼈, 근육, 털, 오감, 총사령관, 수비대

동물

어서 와랑!
동물들 보러 가야지.

동물의 다리 개수는 두 개부터 수백 개까지 다양해.

홍학은 길고 늘씬한 다리 덕분에 물속을 거닐며 물고기를 잡기 좋아.

2개

사자는 힘센 다리로 재빠르게 달려서 얼룩말을 사냥하지.

4개

사슴벌레는 갈고리 모양 다리로 나무줄기를 자유롭게 오르내리며 나무즙을 빨아 먹어.

6개

거미는 가느다란 다리로 거미줄 위를 움직이며 먹이를 잡지.

8개

오징어는 빨판이 달린 기다란 다리로 먹이를 꽉 움켜잡아!

10개

지네는 많은 다리 덕분에 어떤 장애물도 쉽고 빠르게 넘어가.

30개 이상

문제 뱀은 동물이지만 다리가 없어. 이유가 뭘까?
① 나쁜 일을 해서 빼앗겼다. ② 쓰지 않아서 없어졌다.

쓰지 않아서 없어졌다.

먼 옛날 뱀은 적의 공격을 피해 땅굴에 숨어 생활했어.
그러다 보니 다리로 걷는 것보다 기는 게 편했지.

다리를 잘 사용하지 않자 다리는 점점 작아졌어.
이제는 다리가 있던 흔적만 남아 있지.

다리 개수가 많으면 유리하고, 적으면 불리한 건 아니야.
먹이를 구하러 다니고 적에게서 도망치기 좋은 다리면 최고지.

4 앨버트로스

앨버트로스는 날개를 펼친 길이가 3~4미터쯤 돼. 하늘에서 거의 평생을 보내는 비행의 왕, 앨버트로스를 만나 궁금한 걸 물어보자.

프로필
- 특징: 날 수 있는 조류 중에 가장 큰 새
- 몸길이: 90여 센티미터
- 먹이: 물고기, 오징어, 문어
- 번식: 2년에 한 번씩 알 하나를 낳음.

 하늘에서 지내면 무엇이 좋은가요?

 하늘을 날면 다른 동물에게 잡아먹힐까 두려워할 필요가 없잖아요. 게다가 하늘 높이 날면 주변을 둘러보기 좋아 먹이도 찾기 쉽죠.

 정말로 평생을 하늘에서만 보내나요?

 나 같은 바닷새는 거의 비슷해요. 바다 위를 날며 물고기를 잡고, 먹이를 먹고, 화장실도 해결하거든요. 물론 잠깐 내려가 쉬기도 하지요.

 12일 동안 쉬지 않고 날아서 장거리 비행 기록을 세우셨다고요? 오래 나는 비결이 뭐예요?

 우리 새들은 뼛속이 비어서 육지 동물보다 가벼워요. 또 나처럼 날개가 길면, 위쪽으로 부는 바람을 이용할 수 있어서 힘들이지 않고 오래 날 수 있지요.

 멋진 깃털에도 비밀이 있나요?

 날카로운 질문이군요. 깃털은 날 때도 도움이 되고, 몸을 따뜻하게 하거나 물이 스며들지 않게 하는 기능도 있어요.

 처음으로 하늘을 난 새의 조상은 누구일까?
① 수각류 공룡　② 이무기가 변한 용　③ 요정 팅커벨

수각류 공룡

새의 조상은 수각류 공룡이야.
수각류 공룡은 몸에 깃털이 나 있었지.

수각류 공룡 중 미크로랍토르는 먹이를 찾으려고
날개를 발달시켜 하늘을 날았어.
그 덕분에 공룡이 멸종한 뒤에도 살아남아
오늘날 새들의 조상이 되었지.

3 헤엄치며 물속을 이동할 때

육지 동물에게 다리가 있고,
새에게 날개가 있다면
물고기에겐 무적의 지느러미가 있지.
지느러미 덕분에 물고기는
물속을 자유롭게 이동할 수 있거든.
그럼 바다의 무법자, 상어를 만나 볼까?

100미터 앞, 통통한 물고기 발견.

출발! 가슴지느러미와 배지느러미!
방향을 조종해. 우회전, 좌회전!

몸이 흔들리지 않게 등지느러미인
내가 중심을 잡고 있으니까 걱정 마.

쌔앵!

 **망독어**

지느러미를 남다르게 사용하는 물고기가 있어.

 **좋아하는 먹이가 달라서**

나비가 좋아하는 먹이가 뭔 줄 알아?
바로 꽃 속에 들어 있는 꿀. 이 꿀을 먹으려면
나처럼 긴 대롱 모양 주둥이가 딱이야.
앗, 먹이 발견!
나비가 꽃 위에 착 앉았어. 앞발로 맛을 본 뒤,
돌돌 말아 감춰 두었던 날 쫙 펴서
꽃 속으로 쑥 넣었어.
후루룩! 와, 꿀 주스 맛있다!

쫙 편 주둥이

돌돌 만 주둥이

2 이빨이 있어.

소처럼 네발 달린 동물은 이빨로 음식을 씹어 먹어.
그래서 먹는 음식에 따라 이빨 모양이 달라.

소는 풀을 자르기 쉽게
앞니가 넓적해.

호랑이는 고기를 뜯기 쉽게
송곳니가 뾰족해.

이빨이 없어도 음식을 잘 먹는 동물이 있어.
개미핥기는 긴 혀로 개미를 핥아 먹어.

메뉴 통일은
불가능하겠군.
정말 달라.

동물은 식성이
까다로운 존재당.

4 자손을 낳으려고

괭이갈매기 갈갈이는 자손을 갖고 싶어 결혼상담소에 찾아갔어.

3 놀래기

놀래기는 수컷 한 마리와 여러 암컷이 함께 살아.
그러다 수컷이 죽으면, 가장 큰 암컷이 수컷으로 변해.
이렇게 변한 수컷은 암컷과 짝짓기를 해 자손을 낳지.

달팽이는 너무 느려서 짝을 만날 기회가 적어.
그래서 자손을 많이 남기기 위해 특별한 전략을 써.

"우린 짝짓기를 한 뒤, 둘 다 자손을 낳아."

"우린 수컷이면서 동시에 암컷이거든."

"동물은 결혼하기 달인이당!"

"곧 자손이 태어나겠지?"

3 타조알

타조알은 크기가 달걀의 20배쯤이나 돼.
암컷 타조는 우묵한 구덩이를 파고 4~8개의 알을 낳아.
만약 알을 노리는 적이 나타나면, 다리로 힘껏 차 버려.
발차기 힘이 얼마나 센지 사자도 휙 날아간대.
다른 동물들은 어떻게 알을 지킬까?

이게 다 종족을 보존하기 위한 전략이야.

수컷 물자라는 백여 개의 알을 등에 지고 다니고,

데리고 다녀야 맘이 놓여.

수컷 해마는 배 주머니에서 알을 키우다가 다 자라면 내보내.

아가들아, 이제 나와라.

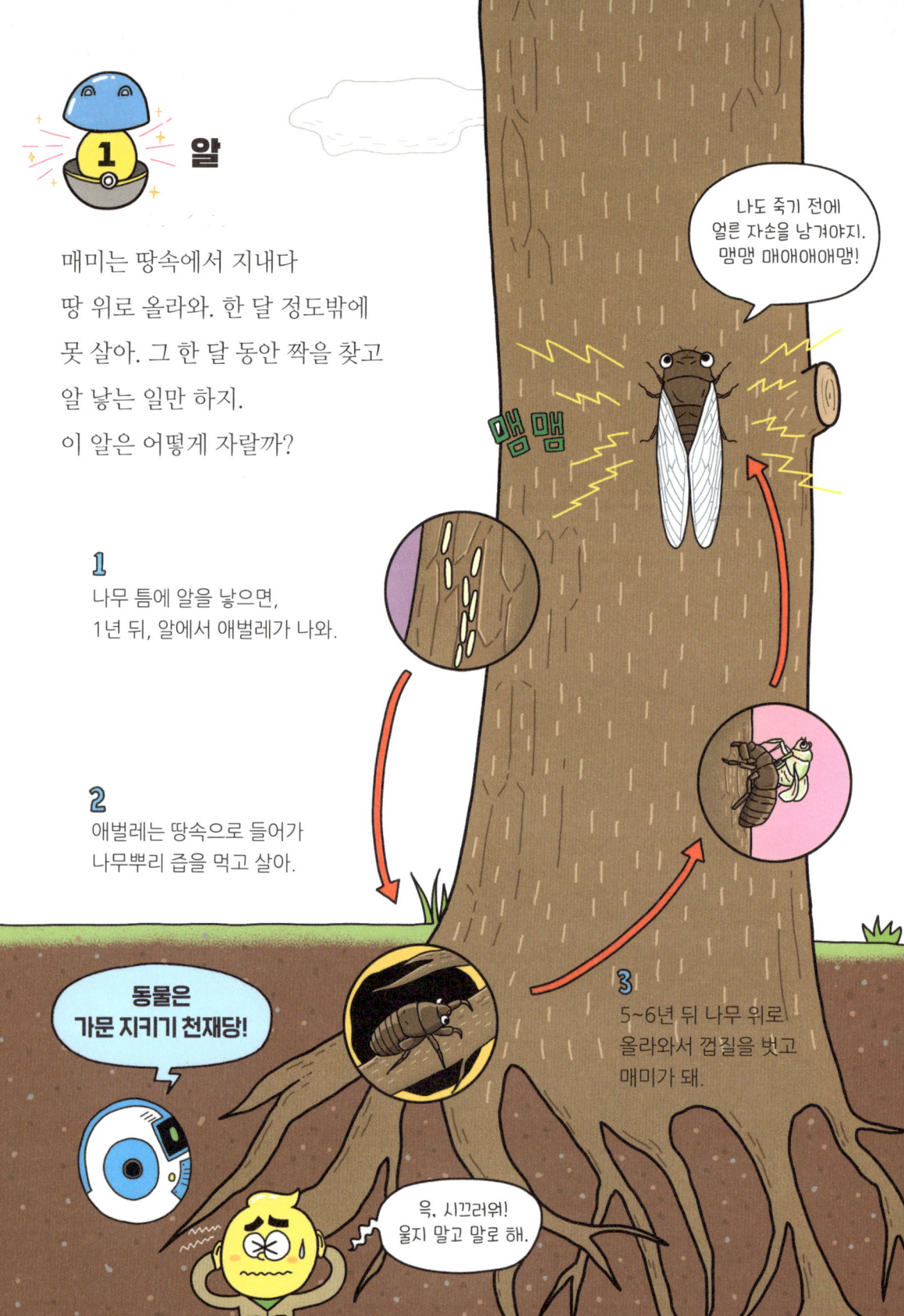

2 내 짝을 찾아요!

신기방기

작년 우승자 매미는 배를 떨어서
소리를 내는 신기한 재주가 있었지요.
올해 출전한 동물들은 어떤 재주가 있을까요?
지금부터 말하기 대회 시작!

귀뚜라미

내 비법은
날개 비벼 소리 내기.
짝을 찾을 땐
부드럽고 길게 '귀이뚤!'
적이 나타났을 땐
짧고 빠르게 '귀뚤귀뚤!'

큰돌고래

우린 무리 지어 살아서
대화 방법이 다양해요.
함께 사냥할 때는
휘파람 소리로 '휘이!'.
멀리 있는 친구를
부를 때는 초음파로!
친구끼리 이름도 지어 주죠.
"넌 돌돌이. 난 끌뚤이."

 **춤을 춘다.**

꿀벌이 대화하는 방법은 춤이야. 기발하지?
다른 동물들의 대화법도 알아볼까?

 **꼬리를 자르고 도망가.**

도마뱀은 적에게 꼬리를 물리면 자르고 도망가.
꼬리는 또 자라니까, 걱정 안 해도 돼.
이처럼 동물은 자신을 지키거나 공격하는 무기가 있어.
어떤 무기인지 보여 줄까?

1 공생 관계

동물이 혼자 살아가는 건 쉽지 않아.
그래서 서로 힘을 합쳐 집을 구하고, 먹이를 잡고, 적도 피해.
이렇게 서로 도움을 주고받는 게 '공생'이야.

미어캣

미어캣은 사막에서 굴을 파고 살아.
20~50마리가 한 무리를 이루어 사는데
서로 역할을 나누어 생활해.

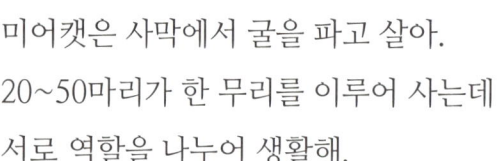

적이 나타났다!

꼿꼿이 서 있다가 적이 나타나면 큰 소리로 알려.

우린 보초병! 순서를 정해서 보초를 서.

난 유모. 새끼에게 젖을 주지.

난 보모. 새끼를 돌봐.

난 여왕! 새끼를 낳아.

미어캣이 작고 약하지만 협동을 잘해서
위험한 사막에서도 안전하게 살 수 있어.

동물끼리만 친한 거야?

동물은 서로 친한 존재당.

나도 땅속에 살래!

1 개

우리는 수천 년 전부터 사람들과 함께 살았어.
우리가 처음 마을에 살게 된 이야기를 들려줄게.

먼 옛날, 배고픈 늑대가 사람들이 사는 마을에 왔어.
— 오, 뼈다귀 발견!

사람들은 늑대를 보고 좋은 생각을 떠올렸지.
— 냄새도 잘 맡네. 길들여서 사냥에 데려가 볼까?

늑대 덕분에 사람들은 쉽게 사냥감을 찾았어.
— 상으로 고기 줄게!
— 여기서 계속 살래, 멍!

그 뒤 늑대는 개로 진화했고, 사람 곁에 살며 함께 여러 가지 일을 했어.
— 개 없이 어떻게 살았지?

고양이도 마찬가지야. 배고픈 들고양이가 먹이를 찾아 마을에 왔다가
— 통통한 쥐다, 야옹!

곡식을 축내는 쥐를 잡아먹자 사람들이 좋아해 함께 살게 된 거야.
— 여기서 아예 눌러살렴.
— 좋다, 야옹!

우리는 사람과 살지만, 아직도 야생의 습성이 남아 있어.
우리에 대해 잘 알고 싶다면, 아래 퀴즈를 풀어 봐.

개는 사람에게 잘 복종한다.

늑대는 우두머리를 중심으로 무리 생활을 해.
그래서 우리도 주인을 우두머리라고 생각하고 잘 따르지.

고양이는 밖에 나가는 걸 좋아한다.

우리 조상은 숲에서 홀로 사냥하며 지냈어. 그래서
우리도 혼자 지내는 걸 좋아하고, 낯선 곳을 싫어해.

**고양이가 혀로 세수하는 건
냄새를 없애기 위해서다.**

우린 적이 냄새를 맡지 못하게 수시로 혀로 온몸을 핥아.
용변을 보고 모래로 덮는 것도 냄새를 없애기 위해서야.

문제 반려동물은 사람과 ○○ 관계야. ○○에 들어갈 말은?
① 원수 ② 가족 ③ 남남

 **가족**

우리와 사람은 감정을 나누는 가족이 되었어.
사람도 우리와 함께 지내며 행복을 느끼고 위로를 받아.

| 한집에서 함께 먹고 | 함께 자고 |
| 좋은 일은 기뻐하고 | 힘든 일은 함께 나눠. |

이처럼 반려동물을 한결같이 아끼는 마음이라면,
다른 동물과도 잘 지낼 수 있을 거야.
우리는 모두 지구에 사는 한 가족이니까.

신나는 캔디 요리 시간!

먼저 빈칸에 동물 열 단어를 적어 봐.

육지 동물은 대부분 ●● 가 있어서 몸을 떠받치고 이동할 때 사용해.

새는 ●● 로 하늘을 날아. 하늘에서는 먹이가 더 잘 보이거든.

물속에서는 ●●●● 가 다리야. 빠르게 헤엄쳐서 먹이를 찾아.

곤충의 ●●● 는 먹이에 따라 모양이 달라.

●● 과 ●● 은 짝짓기를 해 자손을 낳아.

동물은 기발한 방법으로 ● 과 새끼를 지켜.

●●●● 는 동물의 말이야. 더듬이를 부딪치거나 춤도 이용해.

동물은 적이 나타나면 색깔이나 모습을 바꾸는 ●● ●● 야.

흰동가리와 말미잘처럼 서로 돕고 사는 베 스 트 ●●● 도 많아.

사람도 개와 고양이 같은 ●●●● 과 함께 살지.

정답: 다리, 날개, 지느러미, 주둥이, 수컷과 암컷, 알, 울음소리, 위장 천재, 베스트 프렌드, 반려동물

식물

2 식물

한자어로 식물은 '심어진 것'이란
뜻이야. 동물과 달리 이동할 수 없는 건
내가 땅속 깊이 단단하게
자리 잡고 있기 때문이지.
그 덕분에 땅 위로 잎과 줄기가
맘껏 뻗어 자라.
식물이 어떻게 생겼는지 볼래?

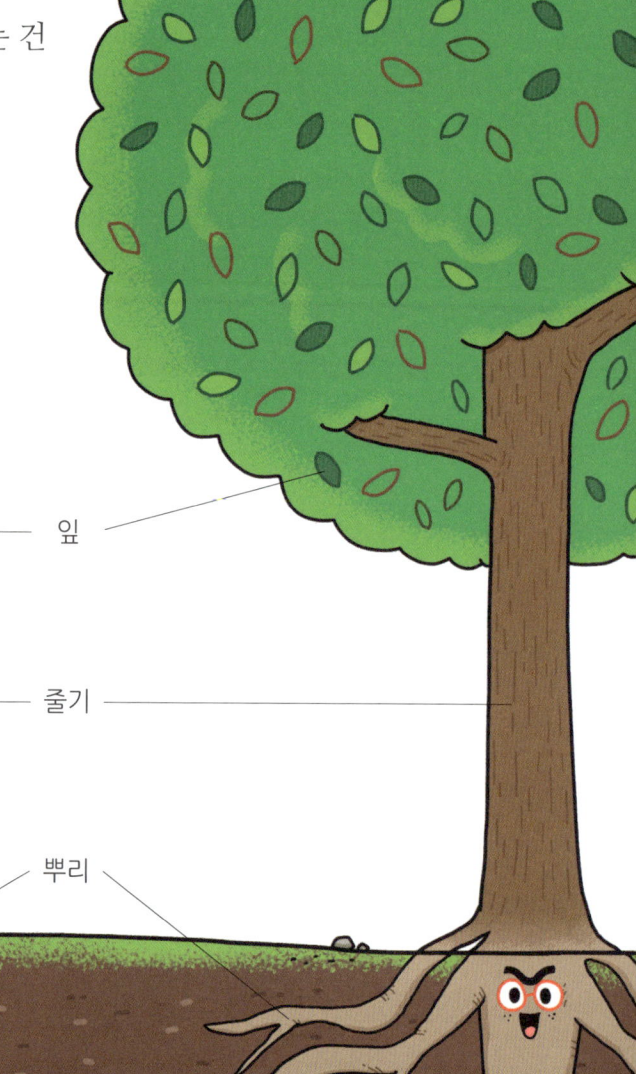

잎

줄기

뿌리

난 할아버지 수염처럼 생겨서 수염뿌리라고 불러.

난 굵은 뿌리 옆에 가늘고 짧은 뿌리가 붙어 있는 곧은뿌리야.

나는 꼭 땅속에만 있는 건 아니야.
땅 위와 물속에도 있어.

나는 식물이 자라는 데 꼭 필요한 걸 빨아들여. 그게 뭘까?
① 금 ② 소고기 ③ 물

 물

식물도 살아가려면 동물처럼 물이 꼭 필요해.
내 몸 끝부분에는 아주 많은 뿌리털이 있어.
이 뿌리털을 쫙쫙 뻗어 흙 속에서 물을 찾아
식물의 줄기와 잎으로 전해 주지.

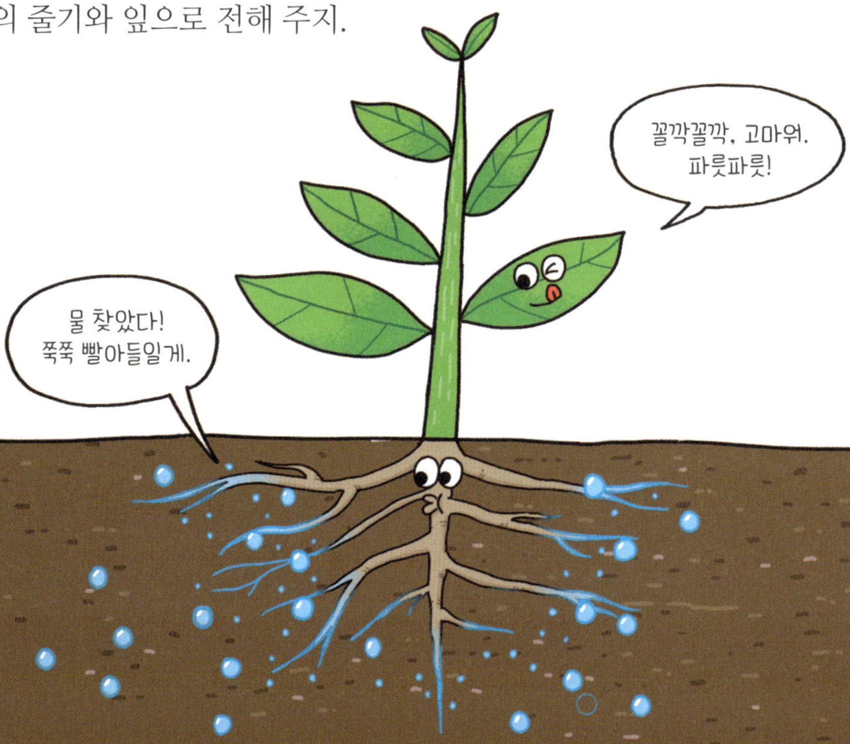

꼴깍꼴깍, 고마워.
파릇파릇!

물 찾았다!
쭉쭉 빨아들일게.

난 영양분을 저장하기도 해.
그럼 뿌리는 통통하고 굵어지지. 이걸 저장뿌리라고 해.
너희들이 먹는 고구마, 당근, 무가 저장뿌리야.

식물도 먹어야
사는 존재당.

아무 맛도 없는
물만 먹고
이렇게 컸다고?

1 엽록소

잎을 자세히 볼까?
잎몸에는 아주 작은 세포인 엽록체가 무수히 많아.
난 바로 그 안에 있어.
잎이 초록색을 띠는 것도 나 때문이야.

잎맥

잎몸   잎자루

내가 여기서 하는 중요한 일은 식물에게 필요한 영양분을 만드는 거야.
동물들은 먹이를 잡아먹지만, 식물은 직접 영양분을 만들어 먹거든.

어흥, 잡아먹겠다!

맛있겠다!

잠깐, 나도 배고파!

그럼 영양 듬뿍 요리를 시작해 볼까!

엽록소의 요리 시간

재료
- 햇빛
- 뿌리에서 빨아들인 물
- 잎에서 받아들인 이산화 탄소

세 가지 재료를 모아 광합성 요리 완성!

산소 방울

녹말

영양 듬뿍 녹말과 뿜뿜 신선한 산소

광합성으로 만든 녹말은 식물이 자라는 데 쓰고,
산소는 숨을 쉬는 데 써.

문제: 잎들은 광합성을 잘하기 위한 비법이 있어. 뭘까?
① 햇빛을 피하는 기술   ② 잎이 나는 규칙

2 잎이 나는 규칙

광합성을 잘하려면 햇빛을 잘 받아야 해.
그래서 식물들은 햇빛을 골고루 받을 수 있도록
각자 잎을 내는 규칙이 있어. 잎이 난 모양을 볼까?

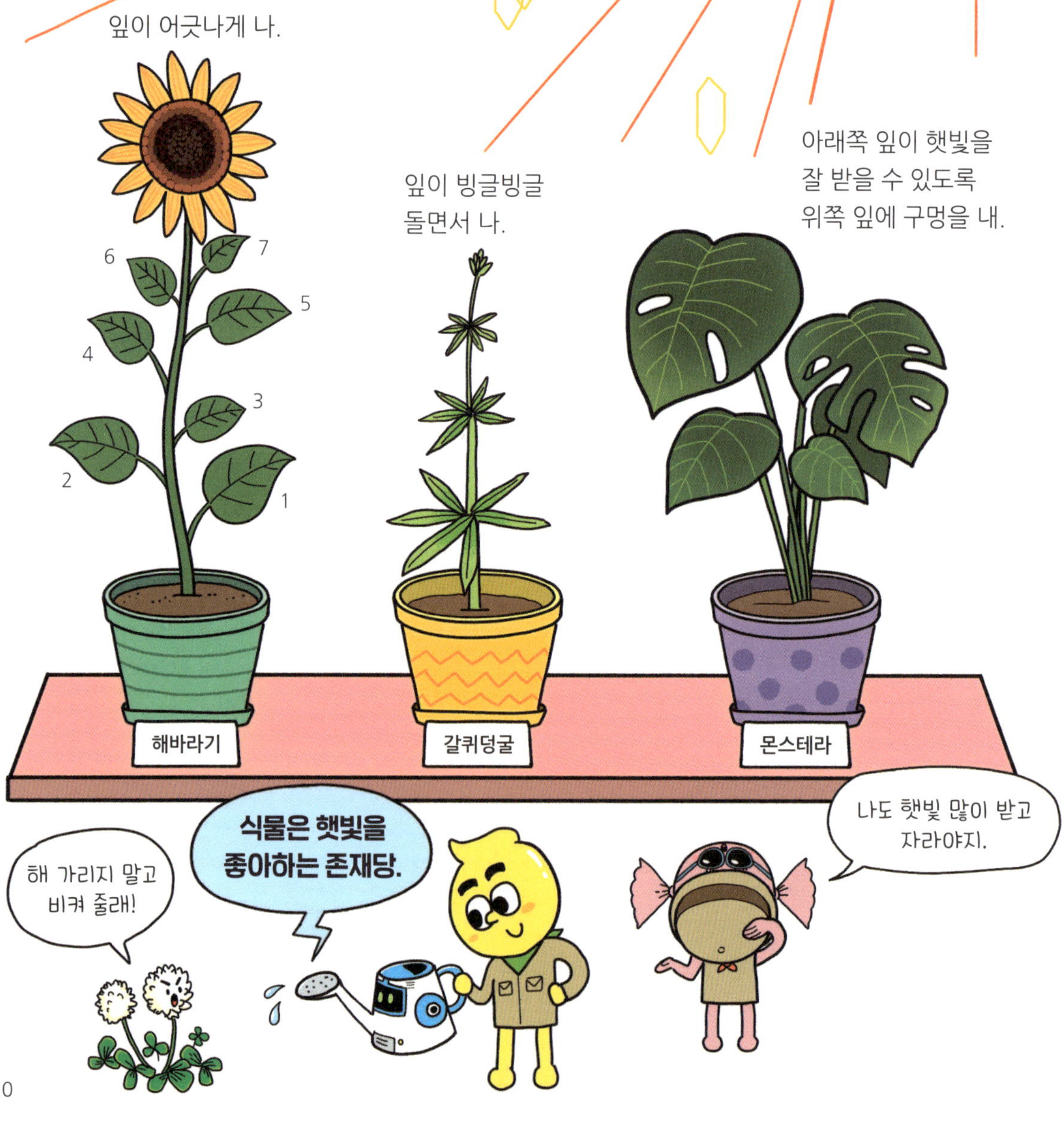

잎이 어긋나게 나.

잎이 빙글빙글 돌면서 나.

아래쪽 잎이 햇빛을 잘 받을 수 있도록 위쪽 잎에 구멍을 내.

해바라기

갈퀴덩굴

몬스테라

해 가리지 말고 비켜 줄래!

식물은 햇빛을 좋아하는 존재당.

나도 햇빛 많이 받고 자라야지.

1 공기가 드나드는 문

나는 잎의 뒷면에 있어.
아침 햇빛이 비치면 나는 구멍을 활짝 열고 바쁜 하루를 시작해.
광합성에 필요한 이산화 탄소를 받아들여야 하거든.

기공

이산화 탄소를 잔뜩 받아들여
엽록체로 보내자!

광합성으로 만든 산소는
밖으로 내보내자!

밤에 햇빛이 사라지면 광합성을 안 해서 구멍을 닫아.
그렇다고 쉴 수 있는 건 아니야.
숨 쉬는 데 필요한 산소를 좁은 틈으로 받아들이거든.
우리 식물도 동물처럼 숨을 쉬어야 산다고.

산소 산소 산소

이거 내가 낮에
내보냈던 산소 아냐?

습습

후후

숨 쉬고 나온
이산화 탄소는
밖으로 내보내자!

이산화 탄소 이산화 탄소 이산화 탄소

나는 공기 말고 다른 것도 밖으로 내보내. 뭘까?
① 달콤한 꿀   ② 쓰디쓴 독   ③ 촉촉한 물

 **촉촉한 물**

뿌리에서 흡수한 물은 필요한 만큼만 쓰고,
나머지는 수증기로 만들어 밖으로 내보내.
이걸 증산 작용이라고 하지.

기공으로 수증기가 빠져나간
자리는 뿌리에서부터 빨려 올라온
물로 다시 메워.

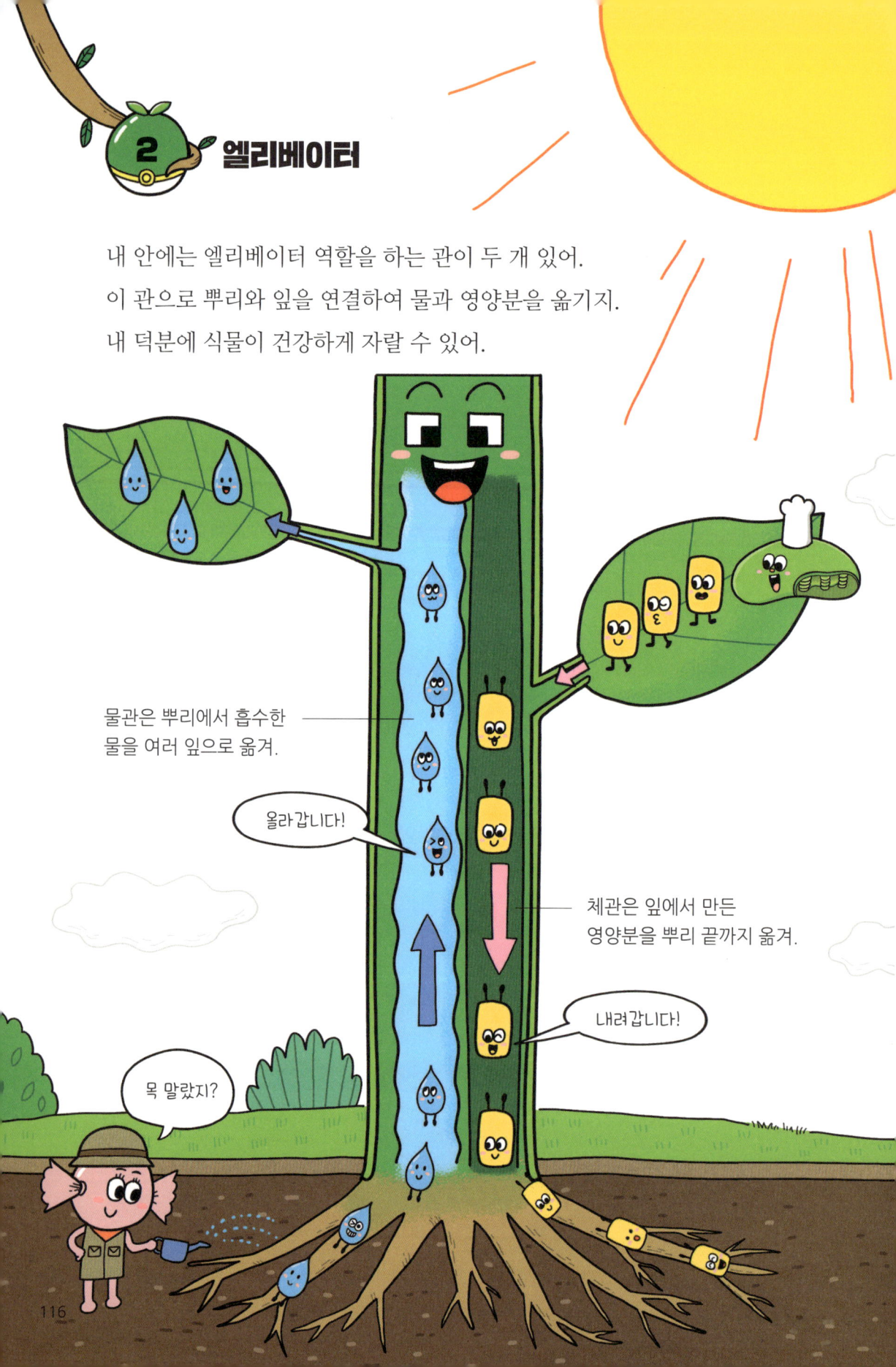

나는 식물을 굵고 튼튼하게 키우는 일도 해.
내 안에는 동그란 고리 모양의
형성층이 있는데, 이곳에서 새로운
세포를 만들거든. 형성층은
물관과 체관 사이에 있어.

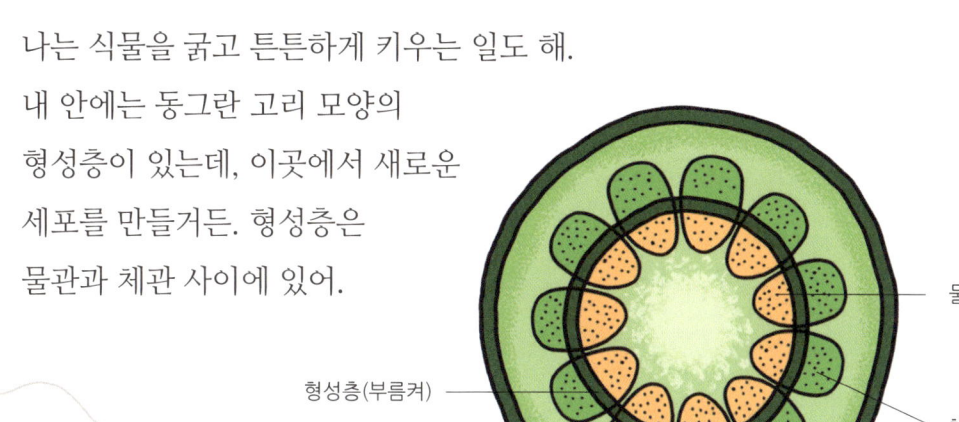

형성층(부름켜) / 물관 / 체관

식물의 키를 자라게 하는 일도 내 담당이야!

끝눈에 있는 생장점은
햇빛을 따라 식물을 위로
곧게 자라게 해.

곁눈에 있는 생장점은
옆으로 가지를 펼쳐 자라게 해.

문제 담쟁이 줄기는 벽을 타고 오르며 자라. 이유가 뭘까?
① 암벽 타기가 취미라서   ② 햇빛을 잘 받기 위해서

2 햇빛을 잘 받기 위해서

담쟁이 줄기는 개구리 발가락처럼 생긴
덩굴손을 내어 나무나 벽을 타고 위로 자라.
이렇게 하면 햇빛을 더 많이 받을 수 있거든.

높은 곳은 역시 햇빛이 잘 드는군!

수박 줄기는 땅 위에 붙어서 옆으로 자라.
이렇게 하면 멀리 퍼져서 햇빛을 많이 받을 수 있어.

여기서부터 저기까지 다 내 땅! 아무도 오지 마!

햇빛이 들지 않는 그늘에 사는 식물은 어쩌지?

식물은 사방으로 자라기 선수당!

2 광합성만으로는 부족해서

우린 햇빛이 잘 안 드는 습한 곳에 살아서 광합성이 어려워.
그래서 영양분을 직접 못 만들고 사냥에 나서지.
우리가 어떻게 파리를 사냥하는지 볼래?

파리지옥은 잎에 있는 움직임 감지 센서로 사냥해. 파리가 20초 동안 2개 이상의 센서를 건드리면 순식간에 잎을 닫아 버려.

한번 들어오면 빠져나갈 수 없어.

파리 살려!

살금살금 빠져나가자!

기생 식물

한 생물이 다른 생물에게서 영양분을 빼앗아 사는 걸 기생이라고 해.
기생 식물이 어떻게 살아가는지 볼까?

새삼
식물의 줄기를 친친 감아
영양분을 빨아 먹어.

라플레시아
바닥에 사는 덩굴 식물의 줄기나
뿌리에 붙어서 영양분을 빼앗아 먹어.

3 짝을 만나 결혼하려고

내 예쁜 모습을 자세히 감상해 봐.
내 모습 속에 비밀이 숨어 있거든.

꽃의 한가운데에는
암술이 하나 있어.

꽃잎은 화려한 색과 모양으로
곤충을 불러들여. 좋은 향기도
풍겨서 멀리서도 알아챌 수 있어.

암술 주변에는 가늘고
긴 수술이 여러 개 있어.
끝에는 자손을 만들
꽃가루가 잔뜩 붙어 있어.

암술대 아래에는 자손을 키울
통통한 씨방이 준비되어 있어.

예쁘다!

식물도 동물처럼 결혼해서 자손을 남겨야 해.
식물은 수술 끝의 꽃가루가 암술과 만나는 게 결혼이야.
내 안에는 수술과 암술이 모두 있지만,
좋은 자손을 남기려면 다른 꽃의 꽃가루를 받는 게 좋아.
이 일을 도와주는 친구가 바로 곤충이야.

꽃이 작고 눈에 띄지 않는 식물은 바람의 도움을 받아.

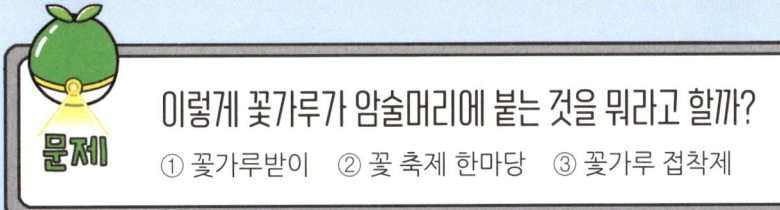

꽃가루받이

꽃가루받이를 하면 꽃에서 무슨 일이 생길까?

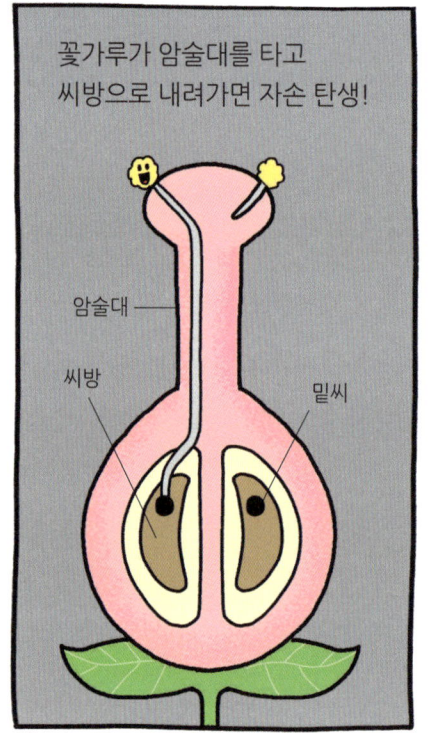

2 먼 곳으로 이사 가.

난 싹을 틔우려면 엄마 나무를 떠나야 해.
엄마 나무 곁은 그늘이 져서 햇빛을 받기가 어렵거든.
난 손도 없고 발도 없는데, 어떻게 멀리 이사 가냐고?

이곳이 내 보금자리야.
자라는 데 필요한 똥 영양분도 있고.
맘에 들어. 이곳에서 살 거야.

다른 식물들은 어떻게 이사 갈까?

1 고사리

고사리는 암술과 수술이 없어서 결혼하지 않아.
그래서 꽃도 안 피고, 씨앗도 못 만들어.
그럼 어떻게 싹을 틔우냐고? 걱정 마. 씨앗 대신 포자가 있거든.
고사리가 다 자라면 잎 뒷면에 포자 주머니가 생겨.
포자 주머니가 터지면서,
스프링처럼 포자를 멀리 날려 보내 싹을 틔워.

식물은 멀리 가기 선수당.

발사!

멀리 가서 오래오래 살아라!

4 천 년 이상

3 나이테를 세 봐.

나무줄기를 가로로 잘라 볼까?
동그란 선들이 보이지? 그게 나이테야.
한가운데에서부터 일 년에 한 칸씩 생겨.

연한 색은 봄과 여름에
자란 부분이야.

짙은 색은 가을과 겨울에
자란 부분이야.

산불에 그을렸던
흔적이야.

이처럼 일 년마다 생기는 나이테 개수를 세면
나이를 정확히 알 수 있어.
나이테는 나무에만 있고, 풀에는 없어.
풀은 한두 해만 살고 죽기 때문에
나이테를 만들 시간이 없지.

식물은 나이를
몸에 새기는 존재당!

나이도 못 먹고
죽다니!

나이를
숨기고 있구나.

또 숨기는 게 있어.
저 뾰족한 게 뭐지?

다른 식물들의 무기도 알려 줄까?

미모사는 동물이 잎을 만지면 순식간에 물을 빼내 잎을 접어.

산토끼꽃은 한 쌍의 잎을 겹쳐서 빗물을 받아 놓았다가, 잎을 먹으러 온 작은 벌레를 빠뜨리거나 물을 쏟아 버려.

장미나무 잎은 애벌레에게 먹히면 특별한 기체를 내뿜어서 지나가는 말벌을 불러들여.

문제 자작나무가 자신을 보호하려고 내뿜는 물질을 뭐라고 부를까?
① 피톤치드 ② 방귀 ③ 향수

피톤치드

피톤치드는 자작나무뿐만 아니라,
편백나무, 소나무 들에서도 나와.
살균 효과가 있어서 나무를 괴롭히는
작은 벌레를 죽일 수 있어.
하지만 사람에게는 상쾌함을 느끼게 해.

> 으악, 나 죽네. 이게 좋다니 사람은 너무 이상해!

> 와, 나무 냄새 좋다! 건강해지는 것 같아.

이처럼 식물의 무기가 때로는 사람에게 좋은 약이 되기도 해.

딱정벌레를 쫓는 버드나무 껍질로 열을 내리는 약을 만들었어.

다른 식물을 죽이는 마늘의 매운맛 성분으로 혈압을 낮추는 약을 만들었어.

> 식물은 방어력이 뛰어나당.

> 열 다 내렸어.

> 그럼 우리 저기 가자!

2 지구 곳곳

숲은 지구 땅의 30퍼센트나 차지해.
만약 지구에 있는 사람, 동물, 식물을
다 합쳐서 무게를 잰다면,
그중 99.9퍼센트를 식물이 차지할 정도로
숲이 많아. 그럼 지금부터
지구 최고의 숲을 소개해 볼게.

누가누가 최고?

나뭇잎 모양이 바늘처럼 뾰족하다!

베르호얀스크 숲

지구에서 가장 추운 곳에 있는 숲이야. 겨울에는 영하 44도까지 내려가지. 이곳은 햇빛도 적어서 잎이 작고 뾰족뾰족해. 이런 곳에서 숲을 이루다니, 정말 대단하지 않아?

숲 기네스

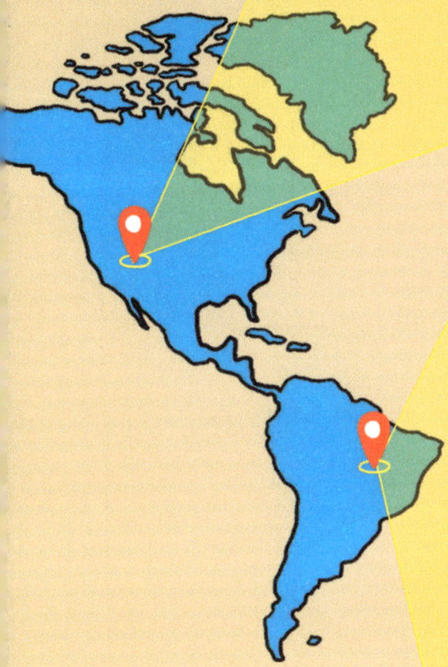

레드우드 국립 공원

"나무들이 햇빛을 다 가려서 어두워."

지구에서 가장 키가 큰 나무들이 사는 숲이야.
미국에 있는데, 나무들 키가 보통 100미터쯤 돼.
이곳에 들어오려면 손전등은 필수.

아마존 열대 우림

"숲이 끝도 없이 나온다!"

지구에서 가장 크고 넓은 숲이야.
남아메리카 대륙에 있는데, 크기가 우리나라의
70배만큼이나 돼. 이곳엔 무려 1만 6천여 종의 다양한
나무가 살아. 나무 자라기에 딱 좋은 날씨거든.

문제 사람들은 숲을 '지구의 ○○'라고 불러. 그게 뭘까?
① 대장   ② 허파   ③ 따봉

2 허파

숲은 오염 물질을 흡수해 공기를 깨끗하게 하고,
다른 생물에 필요한 산소도 만들어.
아마존 열대 우림에서만 지구에 필요한 산소의
20퍼센트를 내뿜지. 그래서 숲은 지구의 허파야.

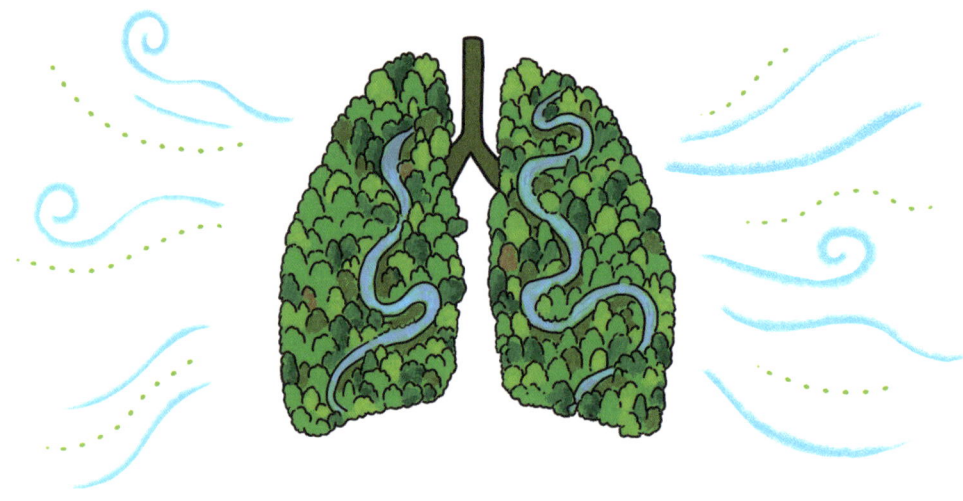

숲은 물도 많이 담고 있어. 비가 내릴 때 나무뿌리가
물을 양껏 빨아들였다가, 조금씩 강으로 흘려보내 주지.
이뿐만이 아니야. 숲은 동물들의 집도 되고 먹이도 돼.
식물은 자신이 가진 걸 다른 생물에게 나눠 주는
아주 고마운 존재야.

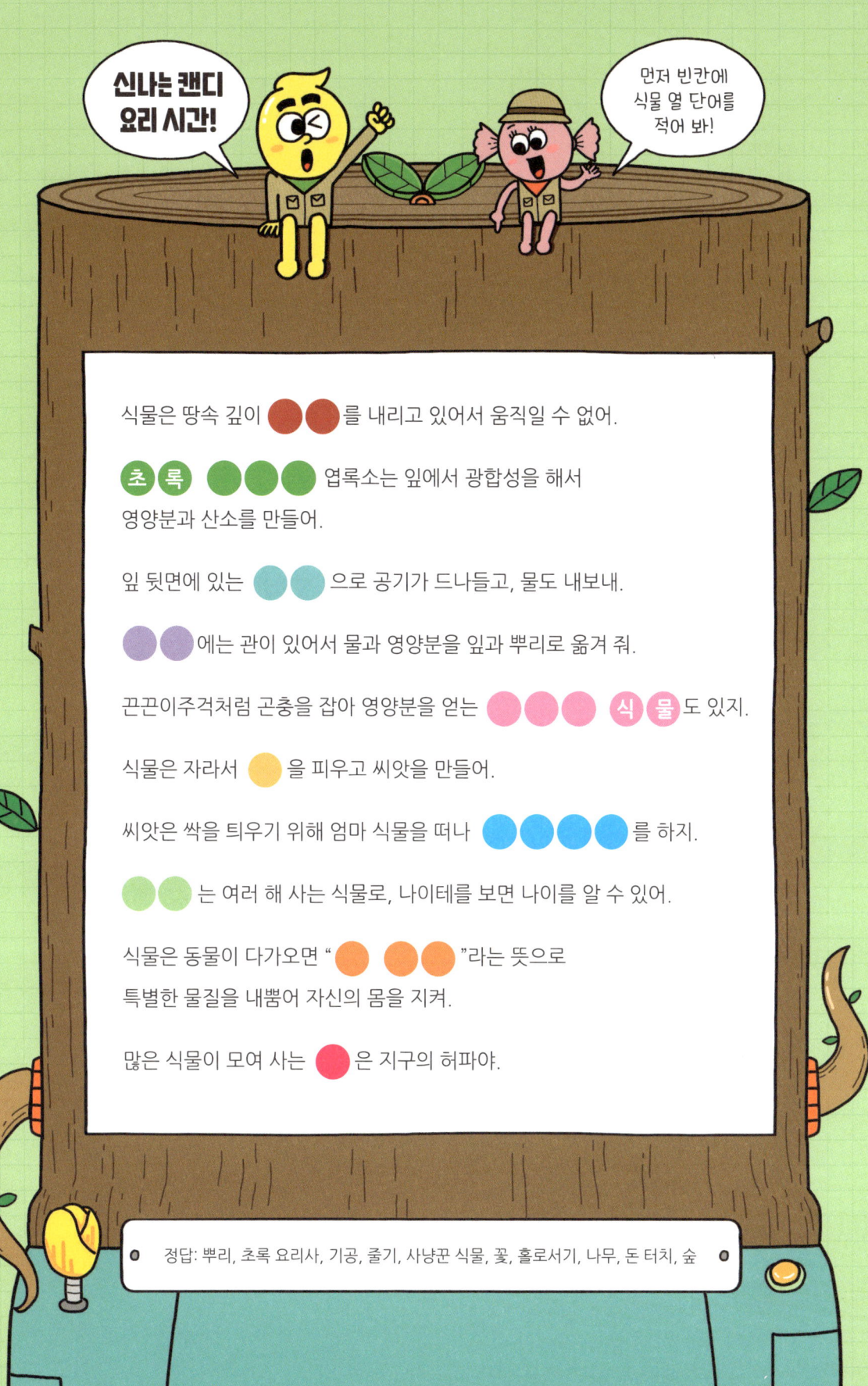